알기 쉬운
M&A와 지분투자 실무

알기 쉬운 M&A와 지분투자 실무

2024년 2월 8일 초판 발행
2025년 10월 15일 초판 3쇄 발행

지 은 이 | 김의권, 이영욱
발 행 인 | 오연관
발 행 처 | 삼일피더블유씨솔루션
등록번호 | 1995. 6. 26 제3－633호
주 소 | 서울특별시 용산구 한강대로 273 용산빌딩 4층
전 화 | 02)3489－3100
팩 스 | 02)3489－3141
가 격 | 22,000원

ISBN 979-11-6784-209-1 03320

* 삼일인포마인은 삼일피더블유씨솔루션의 단행본 브랜드입니다.

* 잘못된 책은 구입처에서 바꿔 드립니다.

알기 쉬운
M&A와 지분투자 실무

김의권 저 · 이영욱 그림

SAMIL | 삼일인포마인

머리말

M&A는 본서의 본문에서 그 의미를 확정하겠지만, 특정 회사 전체를 인수, 합병하는 것뿐 아니라 넓게는 회사 일부 사업부문의 양수도, 지배주주가 되지 않는 정도의 소규모의 지분 인수까지도 포함하는 개념이기 때문에 우리 사회에서 상당히 빈번히 일어나고 있으며, 대규모 기업이 아닌 소규모 회사에서도 널리 활용되고 있다.

그런데, 통상 M&A는 대기업에서 전문적인 대형 회계법인 또는 대형 법무법인을 통해서 이루어져야 하고 따라서 비용이 많이 든다는 선입관이 있어서 규모가 일정한 수준 이상이 되어야 전문적인 서비스를 받을 수 있다는 통념에 사로잡혀 있는 듯하다. 그러다 보니 소규모 M&A에서는 법률적 쟁점이나 적정한 회사 가치의 판단, 관련된 리스크 등에 대한 고려 요소를 제대로 확인하지 못한 채, '이런 작은 규모의 거래에서 무슨 큰 문제가 있겠어?'라는 안일한 생각에 당사자간의 합의로만 거래가 이루어지고 있는 경우가 상당히 있는 것으로 보인다.

M&A라는 것이 워낙 체크할 요소가 많은 데다가 법률적 이슈도 복잡하고, 대규모 M&A에서의 분쟁 사례가 많기 때문에 M&A 관련 서

적을 보면 법률 전문가라고 하는 필자가 보기에도 일단 그 볼륨이 상당히 크고(심지어 여러 권의 시리즈로 되어 있는 것들도 있음) 내용 및 용어가 난해하여 일반인의 입장에서 쉽게 접근하기 어려운 것이 현실이다.

필자는 M&A 업무만을 전문적으로 수행한 이 분야의 전문가라고 하기에는 상당히 부족한 점이 많지만, M&A를 전문으로 하는 법무법인에서 변호사업무를 시작하여 크고 작은 M&A 거래에서 딜 구조 확정 및 법무실사 등의 업무를 담당하였고, 이후 대형 제약그룹의 법무팀에 재직하면서 지주회사 전환, 타회사 인수 및 계열사 편입, 바이오벤처기업이나 기타 회사에 대한 지분투자, 기존 계열사 매각 업무 등을 수행하였다. 이와 같이 외부자로서 자문하는 입장 및 거래 당사자의 입장에서 업무를 수행한 경험을 바탕으로 M&A를 다각도로 바라볼 수 있는 안목을 갖게 되었다.

이에, 많은 법률적 이슈가 있는 특이한 상황의 적대적 M&A나, 기업구조조정 또는 회생법인 종료 목적의 M&A, 상장회사 기타 대규모 기업과 관련된 복잡한 M&A 문제는 다른 전문적인 서적 및 전문 법무법인 업무의 영역으로 남겨 두고, 비상장 중소기업을 운영하는 실무자가 쉽게 접근할 수 있도록 우호적인 소규모 M&A에서 살펴 보아야 할 이슈들을 정리해 보고자 하는 취지로 비전문가를 위한 본 서적을 집필하게 되었다.

따라서 본 서적에서는 M&A의 모든 이슈를 망라하지 못하며, 필자에게 그러한 능력 또한 부족하다. 다만, 중소기업의 CEO 또는 실무자의 입장에서 회사의 비유기적인 성장을 위하여 M&A를 해야 할 기회가 발생하였을 때, 어떠한 과정을 거쳐서 업무를 수행하여야 하며, 어떠한 점을 체크해야 하는지에 대한 지침을 제시하여 성공적인 딜을 수행하도록 하고 인수후 통합절차(PMI)까지 잘 마무리하여 소기의 목적을 달성하는 데에 어느 정도의 도움을 드릴 수 있다면 필자는 이 책을 집필한 목적을 달성한 것이라고 생각한다.

한편, 이 책의 말미에는 필자가 실제로 업무 수행을 하면서 검토한 M&A와 관련된 각종 계약서의 양식과 법무실사 리스트를 당사자 명칭 및 주요 합의사항의 수치, 날짜 등만 공란으로 표시하여 첨부하였다. 이 계약서들은 형식적으로만 기재된 간략한 템플릿이 아니라 실제로 중요한 합의사항과 관련하여 주요 법무법인의 자문을 받은 상대방 당사자와의 사이에 심도 깊게 논의된 내용이 포함된 것이므로 그 분량이 본서의 설명 내용보다 오히려 더 많은데, 실무자 입장에서 유용하게 참고할 수 있을 것으로 생각된다.

차 례

II M&A 절차 및 체크 포인트

III M&A 유형별 실제 샘플 계약서 양식 등

I

서론

1 회사를 성장시키는 방법

1 회사의 유기적인 성장과 비유기적인 성장

회사를 설립할 때에는 주요 사업목적을 특정하여 정관 및 법인등기부에 기재하며, 회사의 설립자는 자신이 최초로 설정한 사업목적에 따라 그 사업을 얼마나 잘 발전시킬 수 있을지 고민하면서 회사의 성장을 도모하는 것이 일반적이다.

예컨대, 제조업을 한다고 하면 완제품을 생산할 것인가 완제품의 부품 또는 원재료를 생산할 것인가를 정하고, 서비스업을 한다면 서비스의 종류를 전산처리 용역(SI)으로 할 것인가 아니면 인력 제공으로 할 것인가, 운송 서비스를 할 것인가 등을 특정하여 해당 분야에 독자적인 사업 역량을 구축함으로써 회사를 발전시킬 수 있다.

그런데 회사를 운영하다 보면 그 회사에 특정된 사업목적과 관련된 인접 영역에서 시장성이 좋은 사업기회를 발견하게 되거나 아니면 전혀 새로운 분야에서 좋은 아이디어가 떠올라 그러한 사업을 하고 싶어지는 경우가 많이 있다.

제조업, 특히 제약회사의 경우를 예로 들자면, 자체 연구소에서 훌륭한 연구인력을 채용하여 신약을 연구하고, 개발인력이 이에 대한 임상 등의 개발업무를 진행하여 신약을 출시하는 방법으로 회사의 매출을 견인하고 발전시킬 수 있는데, 이러한 전통적인 방법에 의한 회사의 성장을 '유기적인 성장(Organic Growth)'이라고 한다.

한편, 자체 연구소에서 연구하고 있지 않은 신약 후보물질이나 특정 바이오 의약품 개발에 독자적인 노하우를 보유하고 있는 바이오벤처 기업에 상당한 지분을 투자하여 이러한 제품을 도입함으로써 신약 파이프라인[1]을 보완하거나, 아예 해당 기업의 경영권을 인수함으로써 판매 제품군을 확충하는 경우가 있다.

또는 수직적 사업구조를 구축하여 안정적인 공급원을 확보하기 위해서 원료의약품 제조회사를 인수하는 경우도 있으며, 제약회사가 아닌 의료기기회사를 인수하여 자기 회사의 병원 영업 노하우를 활용할 수도 있고, 헬스케어 산업과 직접적으로 관련이 없는 물류회사를 인수하여 의약품 등의 배송을 보다 효율적으로 진행할 수도 있다.

이처럼 당초 목적사업에 포함되어 있지 않은 새로운 사업을 운영하거나 자체적인 역량에 의하여 연구/개발하지 아니한 제품을 도입하기 위하여 다른 회사에 투자 또는 그 회사를 인수하는 방법으로 회사를 성장시키는 방법을 외부적 수단을 통한 성장이라는 의미에서 '비유기

1) 제약 산업에서 파이프라인(Pipe Line)이라 함은, 제품 출시 전의 신약 연구/개발 과정에 있는 상태의 후보 물질 또는 개발 단계의 제품을 의미한다.

적인 성장(Inorganic Growth)'이라고 한다.

회사가 추진하는 신규 프로젝트가 유기적인 성장인지 비유기적인 성장인지의 판단기준을 설정해 보자면, 통상적으로 기존에 회사에 근무하고 있는 자체 인력에 의하여 진행되는 사업이라면 유기적인 성장이라고 보아야 할 것이고, 다른 회사에 대한 투자 또는 인수 등 외부적 효과를 통하여 이루어지는 사업이라면 비유기적인 성장이라고 볼 수 있을 것이다.

〈유기적인 성장〉

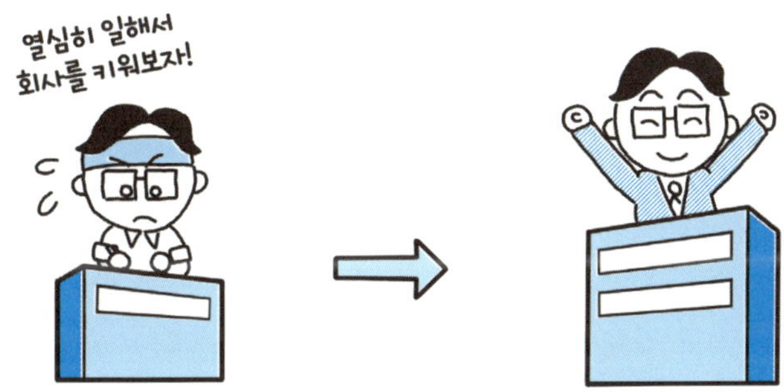

〈비유기적인 성장〉

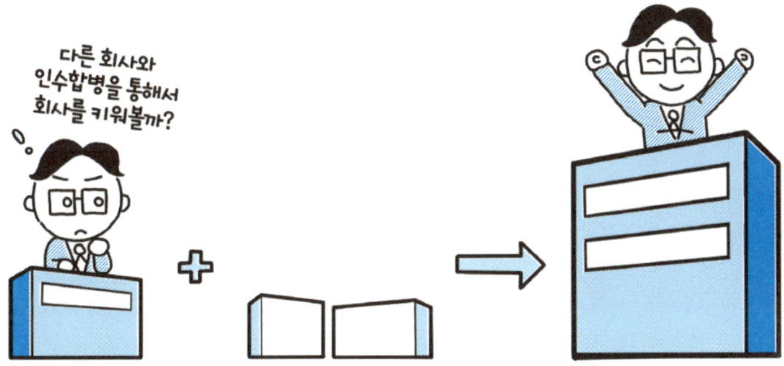

2 M&A를 하는 이유와 넘치는 사례들

M&A는 앞에서 살펴 본 바와 같이 '비유기적인 성장'을 통하여 회사의 가치를 한층 향상시킬 수 있는 효율적인 방법이기 때문에 미국이나 유럽 등 외국 기업에서는 상당히 오래 전부터 활용되어 오고 있으며, 우리나라에서는 1970년대 산업발전기 이후 기업간 M&A가 진행된 사례들도 없지 않으나, 1997년 IMF 외환위기 이후에 전대미문의 대규모 기업 도산으로 많은 회사들이 매물로 나오면서 M&A 시장이 비약적으로 성장하여 오늘날에까지 이르고 있다.

국내 · 외 많은 기업들의 성장 히스토리는 M&A를 통한 성장의 역사라고도 할 수 있을 만큼 M&A를 통해 기업이 성장한 사례들은 차고 넘치도록 많이 있다.

1) 우선 미국 주요 기업들의 사례를 살펴 보면 다음과 같다.

① 아마존(Amazon) : 세계 최대의 온라인 쇼핑 사업자인 이 회사는 유명한 유기농 슈퍼마켓 체인인 홀푸드마켓(Whole Foods Market)과 인터넷방송 중계 서비스인 트위치(Twitch), 미국에서 독자적인 경쟁력을 보유한 온라인 신발 쇼핑몰 자포스(Zappos)를 포함하여 수 많은 회사들을 인수해 왔으며, 이는 회사의 수익원을 다양화하고 그 사업의 범위를 확장하는 데 도움을 주었다.

② 마이크로소프트(Microsoft) : 컴퓨터 운영시스템인 윈도우즈와 MS office 소프트웨어로 너무도 유명한 이 빅테크 기업은 비즈니스 전

문 쇼셜네트워크 회사인 링크드인(LinkedIn), 소스코드 호스팅 서비스 사업자이자 쇼셜코딩 플랫폼인 깃허브(Github), 화상 통화 서비스인 스카이프(Skype)를 포함한 수 많은 회사의 인수를 통하여 기업간 영역(B to B)에서 입지를 강화하고 클라우드 기반 제품을 확장하였다. 또한 2023년 초에는 가장 스마트한 AI 챗봇으로 유명해진 챗GPT (ChatGPT) 개발사인 오픈AI(Open AI)에 100억 달러를 투자하여 회사의 제품 및 시스템에 강력한 인공지능을 적용하고 있다.

한편 2022년 초에는 무려 687억 달러에 우리나라에서는 스타크래프트 및 워크래프트 개발사로 유명한 굴지의 게임회사 액티비전 블리자드(Activision Blizard)를 인수한다는 발표를 하였는데, 이 거래는 미국 연방거래위원회(FTC) 및 영국 반독점 규제 기관인 경쟁시장청(CMA) 등 각국의 경쟁당국으로부터 게임업계의 경쟁을 제한할 수 있다는 우려를 이유로 거래의 승인에 제동이 걸렸다. 그러나 2023년 10월 13일자로 미국에서 FTC와 소송에서 승소한 데 이어 CMA가 클라우드 게임 판권 이양을 골자로 하는 수정안을 승인함에 따라 모든 규제 이슈를 해결하는 데 성공하였다.

③ 코카콜라(Coca-Cola) : 전통적인 탄산음료 강자인 이 회사는 오랜 역사의 쥬스 브랜드 미닛메이드(Minute Maid), 미국의 셀럽들이 사랑하였던 착한 차 브랜드 어니스트 티(Honest Tea), 비타민워터로 유명한 글라소(Glaceau) 등 다양한 음료군의 회사를 인수해 왔고, 이는 이 회사가 사업 영역을 탄산음료 시장을 넘어 쥬스, 차, 건강음료 시장으로 확장하여 종합 음료회사로 자리매김하는 데에 많은 기여를 하였다.

④ 월트 디즈니(Walt Disney) : 세계 최고의 애니메이션 및 엔터테인먼트 회사인 이 기업은 탁월한 기술력의 애니메이션 스튜디오인 픽사(Pixar), 미국을 비롯한 전 세계에서 많은 사랑을 받는 히어로들의 캐릭터와 그 스토리를 보유하고 있는 마블 엔터테인먼트(Marvel Entertainment), 스타워즈 및 인디아나존스 시리즈 제작으로 유명한 루카스필름(Lucasfilm) 등 수 많은 영화산업 관련 기업들을 인수해 왔고, 이는 이 회사가 경쟁력 있는 프랜차이즈 포트폴리오를 확장하는데 많은 도움을 주었다. 그리하여 2019년 11월경에는 이와 같이 풍성한 포트폴리오를 바탕으로 독자적인 OTT채널인 디즈니플러스를 성공적으로 런칭하기에 이르렀다. 다만, 최근에는 막대한 자금을 투입한 디즈니플러스가 넷플릭스 등 경쟁 OTT회사에 밀려 실적이 악화되는 바람에 회사 성장을 가로막는 장애물이 되고 있다는 평가를 받고 있다.

⑤ 애플(Apple) : 전통적인 컴퓨터 기업에서 2007년 아이폰 출시 이후 모바일 기기 및 플랫폼 기업으로 급성장한 애플은 음성인식이 가능한 모바일 검색업체 시리(Siri), 온라인 음악 제공 기업 라라미디어(Lala Media), 디지털 잡지 구독 서비스 업체인 텍스쳐(Texture) 등의 회사를 인수해 왔다. 한편, 최근 불붙은 인공지능(AI) 업체 인수 경쟁에 뛰어들어 표정인식 기술 보유 기업 이모션트(Emotient), 머신러닝 기업 투리(Turi), 헬스케어 데이터 전문업체 글림스(Glimpse), 안면인식 기술 보유 기업 리얼페이스(RealFace), 음악 인식 앱 샤잠(Shazam), 시선추적 기술 보유 기업 센소모토릭(SensoMotoric), 인공지능 스타트업 실크랩스(Silk Labs) 등 다양한 AI 기업을 인수함으로써 모바일 플랫폼

기업으로서의 입지를 강화해 나가고 있다.

⑥ 구글(Google/Alphabet) : 세계 최대의 검색엔진 서비스 기업이자 온라인 플랫폼 기업인 구글은 지금도 계속 성장해 가고 있는 세계 최대의 동영상 공유 서비스 업체인 유튜브(YouTube)와 애플을 제외한 대다수 모바일 기기의 운영을 담당하고 있는 모바일 운영체제 서비스기업 안드로이드(Android)[2]를 위시하여, GPS 네비게이션 소프트웨어 회사인 웨이즈(Waze), 온라인 광고업체인 더블클릭(DoubleClick), 인공지능 바둑 프로그램인 알파고(AlphaGo)를 개발하여 2016년 3월경 인간 대표 이세돌과의 대국에서 압도적인 승리로 전 세계를 놀라게 하였던 인공지능(AI) 개발업체인 딥마인드(DeepMind) 등 셀 수 없이 많은 회사들을 인수하였다. 그리하여 2015년 8월경 구글의 경영진은 자신들이 인수한 이러한 회사들을 A부터 Z까지 알파벳 순서로 모두 채워 넣을 것이라는 목표 아래 구글의 지주회사 이름을 알파벳(Alphabet)으로 변경하고 구글을 포함한 다른 회사들을 모두 그 자회사로 편입시키기에 이르렀다.

⑦ 페이스북(Facebook/Meta) : 세계 최대의 소셜 네트워크 서비스(SNS) 기업인 페이스북은 세계에서 가장 많은 이용자를 보유하고 있는 모바일 메신저 회사인 왓츠앱(WhatsApp), 사진 등 공유 중심의

---

2) 사실, 안드로이드 운영체제가 현재와 같이 대다수 모바일 기기의 운영체제로 자리매김할 수 있었던 것은 2008년경 구글이 애플 운영체제의 대항마로 이 운영체제를 오픈소스로 공개하여 많은 모바일 기업들이 비용 부담 없이 사용할 수 있도록 하였기 때문이다. 그 이후의 모든 업데이트도 오픈소스로 이루어지고 있는데, 결과적으로 이는 모바일 플랫폼 기업으로서의 구글의 입지를 강화하는 계기가 되었다.

SNS 기업인 인스타그램(Instagram), 가상현실(VR) 기기 업체인 오큘러스 VR(Oculus VR)과 같은 회사들을 인수해 왔다. 한편, 2021년 10월경 페이스북 창업자인 마크 저커버그는 이 회사의 주력 사업을 소셜미디어에서 시공간을 초월한 가상세계인 메타버스(Metaverse)로 전환하기 위한 목적으로 페이스북의 사명을 메타(Meta)로 변경하고 메타버스 사업을 선점하기 위하여 많은 노력을 기울이고 있다.

2) 다음으로, 우리나라 주요 기업들의 사례를 보면 다음과 같다.

우리나라 기업들의 거래는 개별 기업별로 살펴 본 미국의 사례와 달리, 유형화할 수 있는 큰 거래를 중심으로 살펴 보도록 하겠다.

① 외환위기 이후 김대중 정부의 빅딜을 통한 M&A 사례 : 우리나라는 IMF 외환위기 당시 김대중 정부에서 진행한 정부 주도형 빅딜 이후 사업 집중화 또는 다각화를 위한 대기업 계열사간의 M&A가 상대적으로 많다는 특징이 있다. 1998년 출범한 김대중 정부는 IMF 구제금융을 받을 당시 외환위기의 원인으로 지적되었던 대기업의 과잉 · 중복투자 문제를 해결하고 구제금융 해소를 위한 IMF 이행조건 준수 노력을 보여 주기 위하여, 대기업 계열사간의 대규모 사업 교환 거래를 의미하는 '빅딜'을 통한 기업 구조조정을 정부 주도하에 진행하였다.

빅딜의 주요 내용은 결과적으로 합의가 실패한 거래까지 포함하면 2019년 3월 기준으로 볼 때 아래의 그림[3)]과 같은데, 합의가 이루어져

---

3) 그림의 출처 : 2019. 3. 29.자 한국경제신문, "정부가 주도한 '5대그룹 빅딜'… 좌초된 '삼성자동차, LG반도체' 꿈".
https://www.hankyung.com/economy/article/2019032916291

외환위기 이후 진행한 빅딜 (대규모 사업교환)

분야	대상 기업	진행	1999년 말	2019년 3월 현재
반도체	현대전자 LG반도체	1999년 10월 합병	현대전자	SK하이닉스
자동차	삼성자동차 대우자동차	1998년 12월 기본합의	합병무산	르노삼성자동차 한국GM
전자	삼성전자 대우전자	1998년 12월 기본합의	합병무산	삼성전자 대우전자
정유	현대정유 한화에너지	1999년 8월 현대정유가 인수	현대정유 인천정유	현대오일뱅크 SK인천석유화학
석유화학	현대석유화학 삼성종합화학	1999년 12월 기본합의	합병무산	3분할(LG화학 롯데케미칼 씨텍) 한화종합화학
철도차량	현대정공 한진중공업 대우중공업	1999년 7월 사업통합	한국철도차량	현대로템
항공	삼성항공 대우중공업 현대우주항공	1999년 10월 사업통합	한국항공우주	한국항공우주
발전	한국중공업 현대중공업 삼성중공업	1999년 12월 사업통합	한국중공업	두산중공업
선박엔진	한국중공업 삼성중공업	1999년 12월 사업통합	HSD엔진	HSD엔진

끝까지 진행된 내용만을 개략적으로 살펴 보면, ⓐ LG그룹에서 반도체회사를 분리하여 현대전자에 합병되도록 한 반도체 빅딜(이후 현대전자는 하이닉스로 사명을 변경하고 나중에는 SK에 인수되었다), ⓑ 현대정공(현재 현대모비스), 한진중공업, 대우중공업에서 각 철도차량 사업부문을 분리 후 통합하여 한국철도차량(현재 현대로템)을 설립한 철도차량 빅딜, ⓒ 삼성항공, 현대우주항공, 대우중공업의 항공부문을 통합하여 한국항공우주를 설립한 항공 빅딜, ⓓ 한국중공업, 현대중공업, 삼성중공업의 각 발전 부문을 분리하여 한국중공업(이후 두산이 인수하여 두산중공업이 됨)으로 통합시킨 발전 빅딜, ⓔ 한국중공업, 삼성중공업의 각 선박엔진 부문을 분리하여 HSD엔진을 설립한 선박

엔진 빅딜 등이 있다. 이러한 정부주도형 빅딜로 인하여 결과적으로 이득을 본 회사들이 있기는 하였지만, 상당수의 기업에는 그들의 숙원 사업을 이루지 못한 점에 대한 아쉬움이 남게 되었다.

② 삼성의 화학 · 방산 계열사를 한화그룹이 인수한 M&A 사례 : 앞에서 본 외환위기 당시의 빅딜이 정부의 주도하에 다소 강제적으로 이루어졌다면, 이 거래는 대기업 최고 의사결정권자의 자체적인 경영 판단으로 이루어진 빅딜이라고 볼 수 있다. 2014년 말경부터 이루어진 삼성의 화학계열사 삼성토탈, 삼성종합화학 및 방산계열사 삼성테크윈, 삼성탈레스 총 4개 기업을 약 2조원의 금액으로 한화그룹에서 인수한 이 대규모 M&A는, 삼성에게는 주력사업 집중 및 투자금액 확보의 효과를, 한화에게는 사업 다각화 및 기존 사업과의 시너지를 창출한, 양 당사자에게 모두 성공적인 M&A로 평가되고 있다.

이때 한화가 인수하여 사명을 한화테크윈에서 한화에어로스페이스로 변경한 방위산업 회사는 우크라이나-러시아 전쟁 이후 세계 각국의 국방비용 증가 효과로 매출이 급증하여 한화 그룹의 새로운 캐시카우 역할을 톡톡히 하게 되었다.

③ 우리나라에서 특정 산업의 독점적 구조를 야기한 것으로 평가 받는 M&A 거래 : 뒤에서 좀 더 구체적으로 살펴 볼 기회가 있겠지만, 일정 규모 이상의 기업이 M&A를 하는 경우 해당 거래를 통하여 시장 독점의 효과, 즉 경쟁 제한의 효과를 야기하는 경우에는 공정거래위원회에서 그 거래의 승인을 거절하거나 제한할 수 있으며, 해당 거래가 다른 나라 시장에도 영향을 미치는 경우에는 각국의 경쟁당국(미국의 FTC,

영국의 CMA, EU의 EC 등)도 이러한 규제를 가할 수 있다.

그런데, 다음과 같은 거래들은 여러 가지 사유로 공정거래위원회에서 국내에서의 독점적 지위를 예외적으로 인정한 사례들이라고 볼 수 있다.

i) SK텔레콤의 신세기통신 인수 : 1999년 말경 당시 800MHz 주파수 대역에서 CDMA 방식의 이동통신 사업(대중적으로는, 1.8GHz 대역의 주파수를 사용하는 PCS 사업에 대응하는 의미의 셀폰 사업으로 칭하기도 하였다)을 하는 유이한 회사인 SK텔레콤과 신세기통신의 M&A에 대하여 공정거래위원회는 일정기간 동안 신규 가입자를 받지 말고 시장 점유율을 낮추라는 조건으로 예외적으로 승인하여 사실상 셀폰 시장에서의 완전 독점(전체 이동통신 시장에서도 과반수가 넘는 점유율)을 인정하였다. 결과적으로 이는 SK텔레콤의 이동통신 시장에서의 독점적 지위를 강화하는 계기가 되었으며, 당시 한국통신프리텔(KTF), LG텔레콤, 한솔엠닷컴 등 PCS 사업자들의 강한 반발을 야기하였다.

ii) 현대자동차의 기아자동차 인수 : IMF 외환위기의 원인 중 하나가 되었던 기아자동차의 약 4조 5천억원 상당의 부도는 우리나라 산업 전체에 상당한 파급효과를 불러일으켰다. 이러한 부도 위기를 타개하기 위하여 M&A를 통한 회생절차를 진행하였는데, 1998년 7월경 기아자동차의 인수전에 응찰하였던 4개 업체(현대자동차, 대우자동차, 삼성자동차, 포드) 중 가장 좋은 조건(1조 2천억원)을 제시한 현대자동차가 최종 인수자로 선정되었다.

당시 공정거래위원회는 본 거래가 독점적 지위를 야기하는 거래임을 인정하면서도 효율성 증대효과 및 회생 불가능한 회사의 구제 등을 이유로 예외적인 기업결합 승인을 하였는데(실제로는 해외 기업에 국내 주요 산업인 자동차 기업이 인수되지 않도록 하고자 하는 정책적 고려도 상당부분 반영된 것으로 보인다), 이는 현대자동차가 우리나라 자동차 시장에서 완전한 독점적 지위를 점하게 되는 계기가 되었고 기아자동차와의 시너지 효과를 창출하여 전 세계적으로도 경쟁력 있는 자동차 회사로 거듭나게 되었다.

그러나 이러한 독점적인 구조로 인하여 국내 소비자의 선택권이 심각하게 제한되어 내수용 공급가와 수출용 공급가에서 한국 소비자가 역차별을 받는 등 심각한 부작용이 야기된 문제점이 있으며, 한때는 통관비용을 주고라도 해외에서 현대차를 구입하여 국내에 반입하는 것이 더 저렴하다는 이야기가 회자되기도 하였다. 다만, 현대자동차와 기아자동차는 하나의 자동차 그룹 아래에 있는 회사이기는 하나 각각의 상장기업으로서 자신들의 주주들을 위하여 상호 경쟁하면서 발전해 나간다는 평가를 받고 있다.

iii) 대한항공의 아시아나항공 인수 : 위기에 봉착한 금호아시아나그룹에서 분리되어 경영난에 빠진 아시아나항공은 당초 2019년 11월경 HDC현대산업개발이 우선협상대상자로 선정되어 인수하는 듯하였으나, 2020년 초부터 전 세계를 강타한 COVID 19 펜데믹으로 인한 항공운항 전면 중지, 원활하지 않은 실사 절차 등의 여파로 결국 2020년 9월경 HDC현대산업개발이 인수를 포기하고 아시아나항공이 다시 시장에 매물로 나오게 되었다.

그로부터 2개월 뒤인 2020년 11월경 대한항공이 산업은행의 지원을 받아 아시아나항공의 인수를 결정하게 된다. 대한항공의 아시아나항공 인수는 말 그대로 사실상 우리나라 종합 민항기 항공산업이 완전 독점체제로 전환되는 것이고 두 노선이 통합되는 경우 세계 각국의 항공편 선택에도 영향을 미칠 수 있기 때문에 우리나라의 공정거래위원회 뿐 아니라, EU의 EC 및 미국의 법무부/FTC[4]를 포함하여 세계 10 여개 경쟁당국에 기업결합신고서를 제출하였다. 이중 우리나라 공정거래위원회에서는 2022년 2월경 '물가상승률 이상의 운임인상 금지, 공급 좌석수 축소 금지'등 여러 가지 조건을 부기한 조건부승인을 하였으나, 가장 큰 시장이라고 할 수 있는 미국과 EU에서 상당한 기간 동안 승인을 보류하고 있으며, 심지어 미국의 법무부에서는 본 기업결합 승인에 대하여 소송을 제기할 예정이라는 뉴스까지 나오고 있어 최종 승인까지는 많은 난항이 예상되는 상황이다.

3 M&A로 인하여 발생한 기업의 위기

위에서 살펴 본 바와 같이 M&A를 통해 많은 기업들이 그 규모를 키우고 업무 범위를 확장함으로써 지속적인 성장을 이루거나 기업의 체질과 주력 산업을 전환한 사례들이 무수히 많이 존재하는 것이 사실이나, 반면에 잘못된 M&A를 통하여 기업이 휘청거리거나 완전히 와해된 사례도 적지 않다.

이러한 사례들을 이른바 "승자의 저주"라고 하는데 여러 경쟁사들

4) 미국에서는 법무부(DOJ)와 FTC(연방거래위원회)가 함께 경쟁당국의 역할을 하면서 경쟁제한성 여부 등을 심사하고 있다.

을 제치고 우선협상대상자의 지위를 확보하여 최종적인 M&A까지 마무리함으로써 당시에는 성공한 것처럼 보였지만, 과도한 경쟁으로 인하여 대상회사의 실질적 가치보다 지나치게 높은 가격에 인수함으로써 회사 전체가 인수자금 조달에 어려움을 겪는 한편 인수기업이 당초 기대한 만큼 성장하지 못한 사례들도 있고, 피인수기업과 관련된 산업이 급격한 불황을 맞게 되어 그룹 전체가 도산의 위기에 빠진 사례들도 있다. 한편, 단기적으로는 실패한 것처럼 보였지만 시간이 상당 기간 지나서 피인수기업 관련 산업의 업황이 급격히 개선되어 궁극적으로는 성공한 것으로 평가 받는 사례들도 있다. 대표적인 몇 가지 사례들을 살펴 보기로 한다.

1) 극동건설 인수로 인한 웅진그룹의 와해 : 웅진그룹의 지주회사인 웅진홀딩스는 2007년 8월경 론스타로부터 당시 업계가 예상한 3천억원보다 두 배 이상 높은 6천 600억원을 주고 극동건설을 인수하였다. 표면적으로는 건설회사를 인수할 경우 당시 주요 계열사인 웅진코웨이의 정수기, 공기 청정기, 비데 사업, 뷔셀의 주방 가구등 전반적인 사업 영역에서 시너지 효과를 거둘 수 있을 것으로 기대한 것이라고 하였지만, 실제로는 건설업이 윤석금 회장의 숙원사업이었기 때문이라는 소문이 무성하였다. 과도한 인수자금도 문제이기는 했지만 2008년 리먼브라더스발 금융위기로 인하여 건설업이 장기 침체에 들어서면서 극동건설 유지를 위하여 지속적으로 수천억원이 넘는 자금을 투입하게 되어 그룹 전체에 자금 위기를 초래하였고, 결국 2012년 9월경 지주회사인 웅진홀딩스와 극동건설이 기업회생(법정관리) 절차에 들어가게 되었다. 현재는 그룹의 모태인 출판사 웅진씽크빅을 제외하고는 주력

산업이었던 웅진코웨이를 비롯하여 웅진식품 등 대부분의 계열사가 매각되어 사실상 그룹이 와해된 상황이다.

2) 대우건설, 대한통운 인수로 인한 금호아시아나그룹의 위기 : 고속버스운송 사업에서 시작하여 타이어 사업 등을 추가하고, 국내 두 번째로 종합 민항기 회사인 아시아나항공을 설립하면서 크게 성장한 금호아시아나그룹은 2006년 11월경 당시 한국자산관리공사 및 여러 금융사가 지분을 보유하고 있던 건설 대기업 대우건설을 6조 4255억원에 인수하였다. 그러나 인수 당시 회사에서 자체 조달한 2조 9천억원보다 훨씬 많은 3조 5천억원 상당을 다수의 재무적투자자로부터 조달하면서 맺은 풋백옵션 조항에 따라 회사의 재무적 부담이 가중되었고, 2008년 리먼브라더스발 금융위기로 인하여 건설업이 회복될 조짐을 보이지 않자 다시 대우건설을 산업은행에 재매각하게 되었다. 이러한 와중에 2008년 대한통운까지 인수하면서 그룹 전체가 유동성 위기에 빠지게 되었고 결국 금호타이어 등 주력 계열사들을 매각하는 한편, 채권단에 의하여 아시아나항공의 매각이 결정되어 현재는 그룹의 모태인 금호고속과 금호건설만 남아 있는 상태이다.

3) 까르푸를 인수하여 홈에버를 설립한 이랜드그룹의 재매각 : 중저가 패션브랜드의 강자로 급성장한 이랜드그룹은 2006년 시장에 매물로 나온 프랑스계 대형할인매장 까르푸 인수전에 참여하여, 이마트, 롯데쇼핑, 홈플러스 등 쟁쟁한 경쟁자들을 제치고 1조 7,100억원에 최종 인수자로 결정되었고 홈에버라는 새로운 사명으로 당시 이마트, 롯데마트, 홈플러스가 선점하고 있던 대형할인매장 시장에 진출하였

다. 그러나 차입금액의 대부분을 외부 자금으로 조달하여 막대한 이자비용을 감당하지 못하였을 뿐 아니라, 비정규직보호법 시행과 더불어 홈에버의 비정규직 인원을 대량으로 해고(실제로는 재계약을 거절한 것임)하는 과정에서 발생한 심각한 노사관계 악화 등으로 인하여 그룹 전체의 이미지에 치명적인 타격을 입히게 되었다. 결국 원금만 간신히 회수하는 형태로 다시 홈플러스에 이를 매각하였으나, 아직도 이 사건으로 인한 부정적인 이미지가 남아 있는 듯하다.

4) 글로벌 중장비 기업 밥캣의 인수로 어려움을 겪은 두산그룹의 반전 상황 : 2007년 7월경 미국의 잉거솔랜드로부터 밥캣 브랜드의 소형 건설중장비 등 3개 사업부문을 49억달러(당시 환율기준 약 4조 5,200억원)에 인수한 두산그룹은 본 인수로 인하여 단숨에 글로벌 건설중장비 업계의 강자로 떠올랐다. 그러나, 실제 기업가치보다 지나치게 고가로 인수하였다는 점과 인수자금의 상당 부분을 차입금으로 충당하여 이자부담이 높았다는 점에 더하여 설상가상으로 글로벌 금융위기에 따른 건설경기 침체의 장기화로 인하여 두산그룹 전체의 재무구조까지 악화되는 어려움을 겪게 되었다. 그러나 상당한 기간이 경과된 현재 시점에는 글로벌 건설경기가 상당히 호전되고 건설중장비 수요가 급증한 결과 2023년 2분기 기준 두산밥캣이 매출액 2조 6,721억원, 영업이익 4,665억원을 기록하여 그룹 전체의 캐시카우 역할을 톡톡히 하고 있는 상황이다. 이처럼 M&A의 성공 여부는, 인수 후 어려움만 겪다가 대상회사를 재매각하거나 회생절차에 들어 가는 등 손실이 현실화되지 않는 이상, 마치 프로야구에서 트레이드의 성과가 몇 년 후에야 나타나는 경우가 있는 것처럼 나중에 새로운 시각으로 판단되는 경우도 있다.

2 M&A란 무엇인가 : 좁은 의미의 M&A와 넓은 의미의 M&A

앞에서 살펴 본 것처럼 무수히 많은 사례가 있으며, 하루가 멀다하고 경제기사에서도 국내 · 외 여러 기업의 M&A 뉴스를 살펴 볼 수 있는데, 그렇다면 과연 M&A란 무엇을 의미하는 것일까.

M&A는 영어 Merger and Acquisition의 약자인데, 순서대로 각 단어를 해석하자면 합병(merger) 및 인수(acquisition)이지만 우리나라에서는 그 순서를 바꾸어 통상 인수합병이라고 칭하고 있다. 인수는 기업의 경영권을 기발행주식(구주) 인수나 신주인수, 자산이나 사업양수도 등의 방법으로 취득하는 것을 의미하고, 합병은 두 기업을 하나의 법인으로 통합하는 것을 의미한다.

합병에 이르지 않는 기업의 인수는 인수기업이 피인수기업의 대주주 또는 자산의 소유자가 되어 경영권을 취득하기는 하나, 별개의 법인체를 유지하면서 자회사 기타 관계회사로 남겨 두는 것을 의미한다. 이 경우 인수기업과 피인수기업의 사업이 관련성이 있어서 상호간의 시너지를 노리는 경우도 있고, 전혀 새로운 신사업 진출을 통하여 수익원을 다양화하고 체질 개선을 목적으로 하는 경우도 있다.

합병에 이르는 기업의 인수는 피인수기업을 인수기업의 법인에 통합시켜서 하나의 사업부문으로 유지하는 것인데, 이러한 경우는 별개회사로 유지하는 것보다 계열사간 거래의 문제가 완화되어 일정한 조건 하에서 독점규제 및 공정거래에 관한 법률(이하 "공정거래법")상의 일감 몰아주기 규제 등을 회피할 수 있는 장점이 있다.

위와 같이 대주주가 되어 다른 기업의 경영권을 인수하거나 다른 기업을 흡수합병하는 것을 의미하는 좁은 의미의 M&A에 대하여, 최근 거래계에서는 대주주에 이르지 못하는 상당부분(약 10%~20% 정도)의 지분투자나 사업 일부의 양수도, 주식교환을 통한 전략적 제휴, 합작법인의 설립 등을 통하여 다른 기업과 긴밀한 관련성을 갖게 되는 행위를 모두 포함하여 넓은 의미의 M&A로 보고 있다.

본서에서는 주로 좁은 의미의 M&A를 그 취급 범위로 하되, 필요한 경우 각 해당부분, 특히 계약상 검토 사항 부분에서 넓은 의미의 M&A와 관련된 소수지분 주주의 지분투자와 관련된 내용을 간략하게 살펴 보도록 하겠다.

한편, 우리나라의 법률용어로는 M&A와 유사한 개념으로 공정거래법에서 정의하고 있는 기업결합이 있다. 앞의 사례에서 개략적으로 언급한 바 있고, 뒤에서 좀 더 자세하게 살펴 보겠지만, 공정거래위원회의 기업결합 심사는 일정 규모를 초과하는 두 기업간의 결합으로 인하여 시장에서의 경쟁제한, 즉 독과점 상황이 발생할 수 있는지 여부를 검토하여 그 승인 여부를 판단하는 것이다. 공정거래법상 기업결합은 상호 독립적으로 운영되던 기업들이 자본적 · 인적 · 조직적 결합을 통해 사업활동에 관한 의사결정이 통합되는 것을 의미하는데, 동법에서는 기업결합의 방법을 "① 주식취득, ② 임원겸임, ③ 합병, ④ 영업양수, ⑤ 회사설립 참여"의 5가지로 분류하고 있으며, 본 개념은 실질적으로 M&A와 혼용되어 사용되는 경우도 있다.

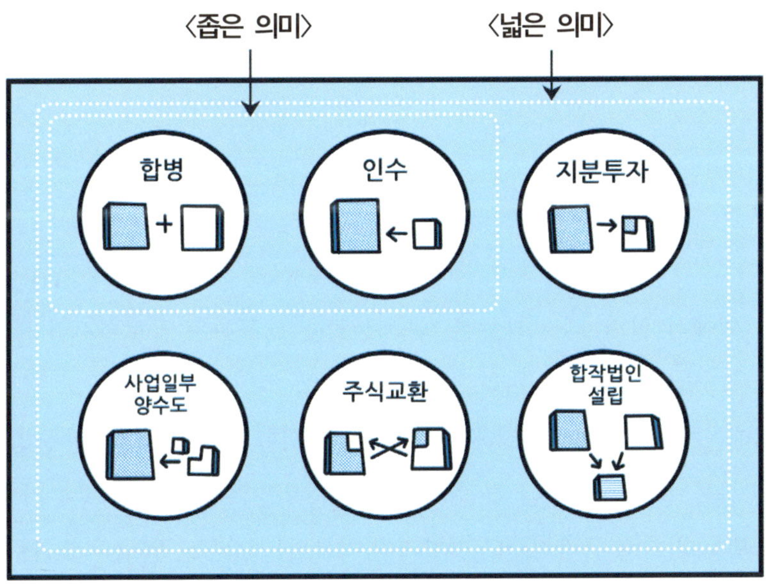

3 복잡한 대규모 M&A와 본서의 취급 범위

위에서 살펴 본 사례들은 해당 산업을 대표하는 글로벌기업 또는 국내기업의 경우 우리나라 경제 전반에 큰 영향을 미친 대규모 M&A 사례들이다. 국내에 한정해 보았을 때, 이러한 대규모 M&A는 산업은행 등을 통한 공적자금 투입으로 인하여 피인수기업의 최대주주가 된 국책은행 기타 국가기관의 영향력이 작용하는 경우도 있고, 대기업 오너의 의지가 크게 작용하는 경우도 있어서 통상적인 M&A보다 복잡하거나 때로는 통상적으로 거쳐야 하는 절차를 일부 생략하고 진행되는 경우도 있다.

앞에서 살펴 본 사례에서는 언급하지 않았으나 특정 기업의 경영권을 두고 복수의 주주 집단이 경쟁하는 적대적 M&A의 경우, 의결권 확보 경쟁 및 의결권의 유 · 무효를 다투는 의결권행사금지 가처분, 상장기업의 경우 의결권 대리행사 권유와 관련된 공시 문제 등 통상적인 M&A보다 복잡한 절차가 필요하다.

피인수기업이 유가증권시장 또는 코스닥 상장기업인 경우 적대적 M&A가 아니라고 하더라도 M&A를 진행하려면 주식의 보유 목적을 단순투자가 아닌 경영참여로 공시해야 하는 등 별도로 신경 써야 할 부분이 많이 있다.

한편, 실무적으로 M&A는 회생기업이 회생절차를 종료하는 방법의 하나로 활용되기도 한다. 회생법인인 피인수기업의 채권자들 기타 이해관계인의 채무액 등을 인수기업이 신주인수 기타의 방법으로 피인수기업에 납입함으로써 해당 자금으로 이를 변제하도록 하는 방법으로 회생절차를 종료하고, 인수기업은 재무상태가 우량해진 피인수기업을 자신의 목적에 맞게 활용하는 것이다.

위와 같이 별도의 쟁점을 검토해야 하는 특수하거나 복잡한 대규모 M&A를 모두 다루게 된다면 그 분량 및 범위가 너무 넓어질 수 있으므로, 본서에서는 소규모로 이루어지는 비상장 중소기업의 우호적인 M&A를 기준으로 하여 그 절차 및 쟁점을 다루어 보고자 한다. 그러므로 그 이외의 특수한 사례에 대하여는 개별적인 쟁점을 정리한 전문서적 기타 자료를 참고하거나 별도 전문 변호사에 대한 자문 요청을 권유해 드린다.

저희 회사 인수 합병을
제안하시겠다고요?
인수합병...이라기보단
지분을 일부 받는 식의
투자를 한달까요?

II

M&A 절차 및 체크 포인트

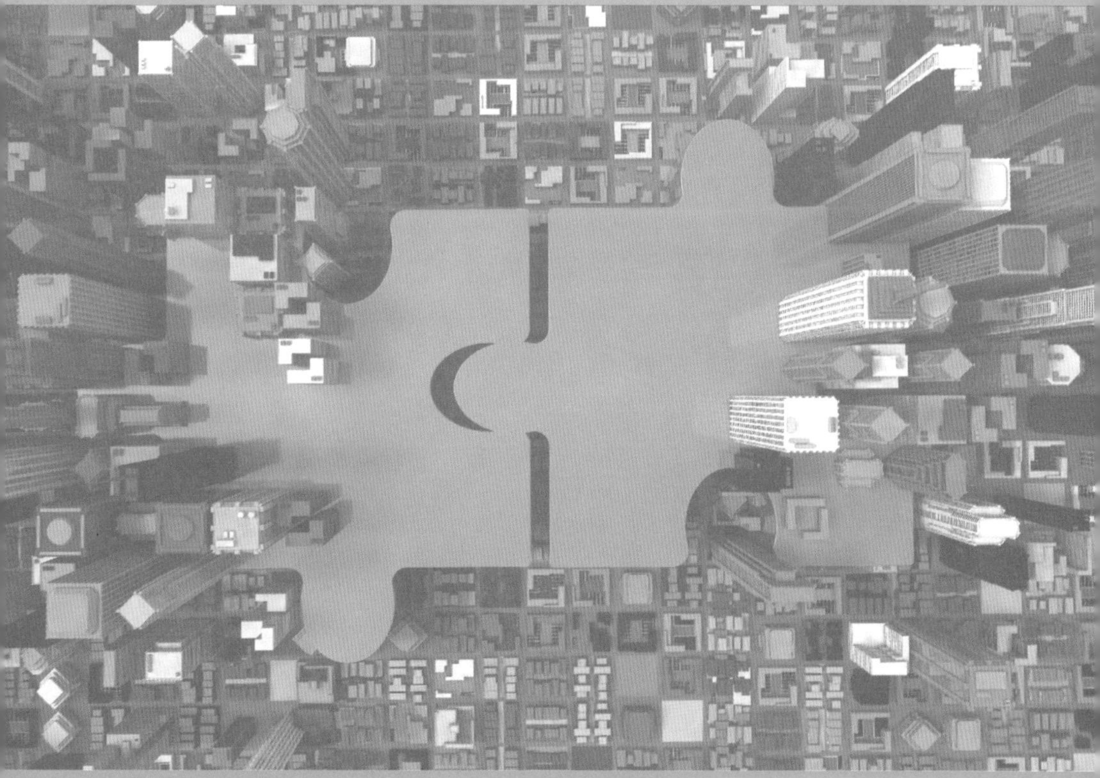

1 M&A의 절차

1 경쟁입찰과 수의계약

M&A의 절차는 여러 기준에 따라 달라질 수 있지만, 기본적으로는 피인수기업의 경영권을 보유한 대주주 등이 주도적으로 복수의 잠재적 매수인을 접촉하거나 공지를 통하여 가장 높은 가격 또는 피인수기업이 가장 선호하는 조건으로 매수인을 선정하는 '경쟁입찰의 방법'인지, 아니면 잠재적 매수인간의 경쟁을 거치지 않고 특정 인수기업 또는 특정 피인수기업이 여하한 사유로 상호 접촉하여 양자간에 상호 인수 절차 및 방법, 인수가격 등을 협의하는 '수의계약의 방법'인지에 따라 상당 부분 달라지게 된다.

M&A는 매수인의 입장에서 시장에 매물로 나오지 않은 대상기업을 먼저 물색하여 접촉하는 경우도 있으나, 이러한 경우는 수의계약의 방

법에 따라 진행될 여지가 많고, 일반적으로는 대상기업이 매물로 시장에 나왔을 때 잠재적 인수인들이 관심을 갖고 접촉을 하여 협의를 진행하게 되는 경우가 많으므로 이하의 절차는 대상기업을 매각하려는 매도인 기준으로 절차를 살펴 보도록 하겠다. 다만, 해당 부분에서 매수인의 입장에서 주의해야 할 사항에 대한 점도 별도로 체크할 것이다.

2 경쟁입찰 진행시 절차

1) 전략 및 계획 수립, 주간사 선정

경쟁입찰이든 수의계약이든, 매도인의 입장에서 M&A를 진행할 때에는 이를 통하여 기존 지배주주가 회사를 팔고 나가서 완전히 손을 뗄 것인지, 아니면 지배주주는 아니지만 일정 지분을 보유하면서 회사 업무에 관여하거나 회사의 성장에 기여할 것인지에 따라 전략 및 계획이 달라질 수 있다. 이하에 설명하는 신주인수의 방식으로 할 것인지, 구주매매의 방식으로 할 것인지 또는 영업양수도의 방식으로 할 것인지는 이러한 목적에 따라 결정되어야 한다. 경우에 따라서는 신주인수와 구주매매를 동시에 진행하여 기존주주는 지분을 완전히 또는 대부분 매수인에게 매각하는 한편, 매수인이 추가적인 신주인수를 통하여 보다 많은 지분을 추가로 확보하고 회사에 자본금을 투입함으로써 피인수회사의 사업을 활성화시킬 수 있다.

경쟁입찰의 경우에는 다수의 잠재적 매수인에게 통일된 기준을 정하여 관련 자료를 전달하고 공정한 기준에 따라 우선협상대상자 및 최종매수인을 선정해야 하기 때문에 이러한 업무에 많은 경험과 역량을 보유하고 있는 회계법인이나 대형 증권회사, 수조원대의 대규모 거래로서 해외의 잠재적 매수인까지 커버하려는 경우에는 글로벌 투자은행(IB, 골드만삭스, 모건스탠리 등)을 주간사로 선정하여 관련 절차를 진행하는 경우가 많다.

2) 공고 또는 잠재적 인수인에 대한 Teaser 전달

주간사가 선정되면, 주간사는 전체적인 딜의 스케쥴을 정하고 대상회사를 특정하여 불특정 다수의 잠재적 인수인이 인식할 수

있도록 공고를 하거나 또는 직접 대상회사의 인수에 관심을 가질 만한 잠재적 인수인들을 여러 곳 물색하여 대상회사에 관련된 개략적인 정보를 기재한 유인물(통상 이를 "Teaser"라고 함)을 전달하여 매수 의향 여부를 타진해 본다. 후자의 방법은 공고에 의한 경쟁입찰과 달리 Teaser를 받지 못한 잠재적 인수인들은 거래에 참여할 기회가 없으므로 제한적 경쟁입찰이라고도 한다.

3) 잠재적 인수인으로부터 LOI(인수의향서) 수령

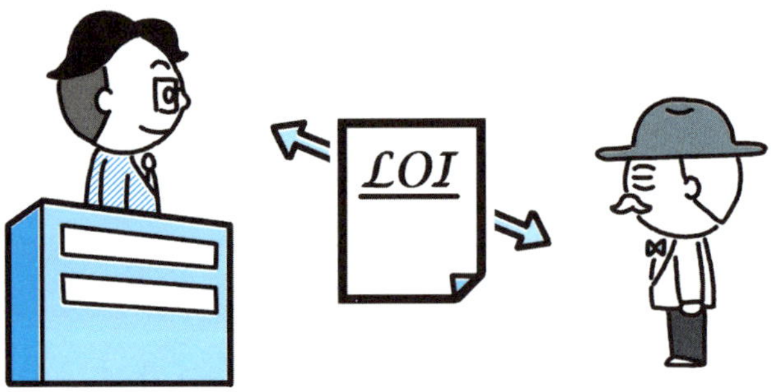

공고를 보거나 Teaser를 수령한 잠재적 인수인 중에서, 대상회사를 인수함으로써 그 사업에 시너지를 창출할 수 있을 것으로 판단하거나 새로운 사업 영역에 진출할 수 있다고 생각하는 한편, 현실적으로 자금을 조달할 수 있는 기업들은 주간사로부터 대상회사에 대하여 Teaser보다 좀 더 구체적인 자료가 기재된 IM(Information Memorandum)을 전달 받고, 주간사가 정한 양식의 LOI(Letter of Intend, 인수의향서)를 제출한다. 한편, 경우에 따라서는 공고나 잠재적 인수인들에 대한 개별적 인수의사 타진시부터 대상회사가 명시적으

로 드러나지 않는 Teaser 대신에 대상회사가 공개되는 IM을 제공하기도 한다.

4) CA 또는 NDA(비밀유지계약서) 체결 및 예비실사 진행

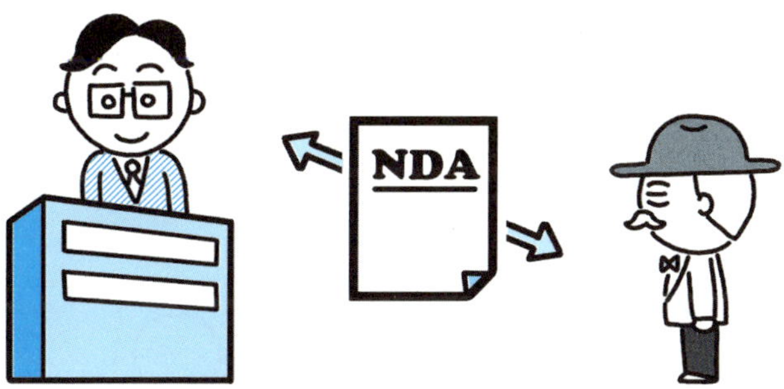

주간사는 LOI를 제출한 잠재적 인수인들에게 회사의 중요 정보(본실사에서 공개하는 매우 중요하고 세밀한 정보는 제외)를 공개하는 예비실사를 진행하기 전에 해당 정보에 기재된 내용에 대한 비밀유지를 확약하는 취지의 CA(Confidentiality Agreement) 또는 NDA(Non-disclosure Agreement)를 체결하도록 하는데 둘 다 우리말로는 비밀유지계약서로 번역되고 있다.

주간사는 비밀유지계약서를 체결한 잠재적 인수인들에게 기간을 정하여 예비실사를 위한 자료를 제공하고(과거에는 특정 장소에서 프린트된 실물 자료를 열람하도록 하는 것이 일반적인 형태였으나, 최근에는 제한적 접근 시스템을 갖춘 온라인 데이터룸을 마련하여 접근 권한을 보유한 대상자들에게만 접근 시간을 한정하여 정보를 제공하는 경우가 많다) 예비실사 내용을 바탕으로 인수조건 및 인수가격을 제시하도록 한다.

한편, 경우에 따라서는 예비실사 자료를 제공하기 전에 잠재적 매수인들에게 소정의 정보이용료를 납부하도록 하는 경우도 있다. 실제로, 2021년 진행된 쌍용자동차 M&A 절차에서 당초 9개사의 잠재적 매수인이 LOI를 주간사인 EY한영회계법인에 제출하였는데, 이 중 4개사만이 정보이용료를 납부하고 예비실사에 참여하였다.

5) 잠재적 인수인들의 인수조건 확인 및 우선협상대상자 선정

위와 같이 잠재적 인수인들은 예비실사를 통해 대상회사의 가치를 나름대로 판단하고 자신이 보유한 사업과의 시너지 효과 등을 감안하여 인수가격의 범위, 자금조달 방법 등 인수 조건을 주간사에 전달한다.

잠재적 인수인들로부터 인수조건을 취합한 주간사와 매도인은 통상 가장 높은 인수가격을 제시한 잠재적 인수인을 우선협상대상자로 선정하는 것이 일반적이나, 인수가격 이외에도 구체적인 인수자금 조달의 방법 및 그 실현 가능성, 인수인 회사 기존 사업의 적합성 내지

사회적 평판 등 기타 여러 가지 요소를 고려하여 우선협상대상자를 선정한다.

6) 우선협상대상자와 MOU 체결 및 정밀실사 진행

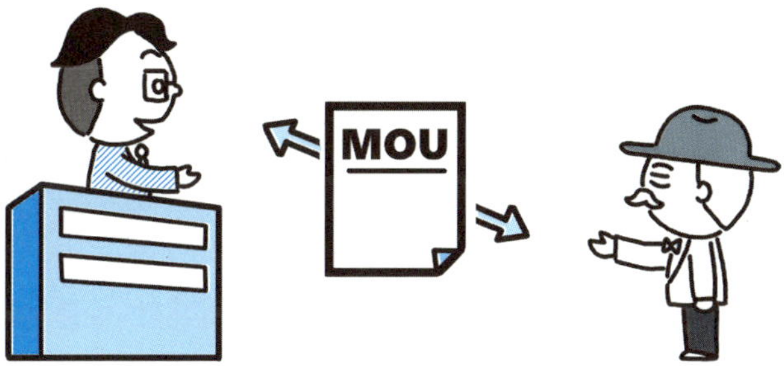

주간사 내지 매도인은 우선협상대상자로 선정된 잠재적 인수인과 인수 제안가액의 10% 정도를 이행보증금으로 납입하도록 하고, 본계약 체결 전까지의 확약 사항을 정하는 MOU(Memorandom of Understanding, 양해각서)를 체결한다.

양해각서가 체결되면, 우선협상대상자는 예비실사 진행시 제공되었던 자료보다 더욱 광범위하고 세부적인 중요 정보가 포함된 자료를 제공받아 예비실사 기간보다 충분한 기간을 허여받아 데이터룸에서 정밀실사 내지 본실사를 진행한다.

실사는 재무정보 등 회계자료 검토를 위한 회계실사와 회사의 중요한 법률적 정보들을 검토하기 위한 법무실사로 구분되어 진행되는데, 이를 위하여 실력 있는 회계법인과 법무법인을 선정하는 것도 매우 중요하다. 법무실사와 회계실사에 대하여는 이하의 기업가치 산정 방법 부분에서 별도로 살펴보도록 하겠다.

7) 최종협상 진행 및 계약서 합의안 확정, 체결 전 사전신고, 내부승인

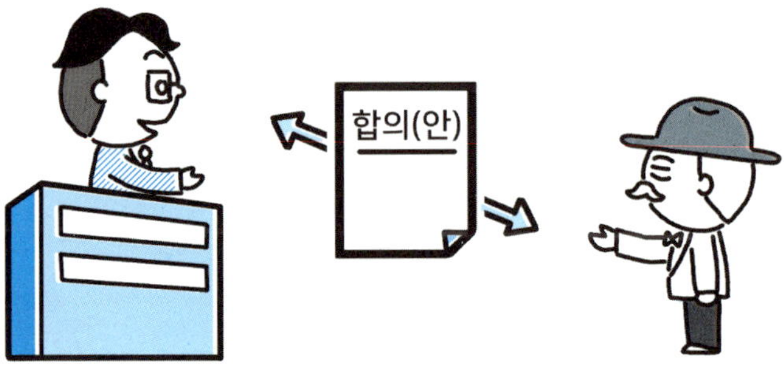

우선협상대상자가 정밀실사를 통하여 양해각서 체결시보다 회사의 가치를 더욱 구체적으로 산정하면 그 결과를 바탕으로 매도인측과 양해각서에서 정한 범위 내에서 확정적인 인수가격 결정을 위한 협상을 진행하게 된다. 매도인측에서는 정밀실사 내용을 근거로 제시하면서 가격을 감액하려는 인수인의 시도에 대하여 나름대로 정당한 반박 논리를 가지고 이를 방어해야 하는데, 이를 위해서는 매도인측에서도 매수인측의 실사인력과 대등한 실력을 보유한 회계법인과 법무법인을 선정해서 실사 자료를 검토하도록 하여 설득력 있는 방어 논리를 준비해야 한다.

가격 협상이 끝나면 거래의 가장 중요한 부분이 완료된 것이기는 하나, 그 이외에도 절차적으로 체크해야 할 부분이 많다. 가격조건 이외의 다른 부수적인 합의사항(특히 이하에서 설명하는 '진술과 보증 조항'이 매도인과 매수인 사이에서 첨예하게 이해관계가 대립되는 중요한 합의사항이 된다)의 협의를 마치고 계약서 체결본을 확정해야 하며, 정식 체결 전에 공정거래위원회의 기업결합 사전심사 기타 인허가

기관의 승인이 필요한 거래인지 확인하여 필요한 사전 신고절차를 마무리해야 한다.

한편, 이사회 결의 또는 주주총회 결의가 필요한 거래인지 확인하여 계약서 체결 전에 필요한 내부적인 승인절차를 마무리해야 한다. 상장회사의 경우 자본시장법상 미공개 정보 이용 거래의 이슈가 있으므로 특히 정보 보안에 신경을 써야 한다. 그러나 대규모 거래의 경우에는 이미 입찰 및 우선협상대상자 선정시부터 뉴스에서 다루어지는 경우가 많아서 해당 거래는 이미 대중에 알려진 정보로 인식될 수도 있다.

8) 본계약 체결, 선행조건 충족, 사후신고 및 이행

사전신고 및 내부승인 절차가 마무리되면 당사자(주주 개인, 회사 대표자 등)의 서명 또는 날인을 통하여 본계약을 체결한다. 본계약에는 체결 이후 이행(주식매매대금 지급 또는 주금납입, 신주발행, 명의개서 절차 등) 전까지 완료해야 하는 선행조건이 기재되는 경우가 많다. 공정거래위원회의 기업결합 사후심사 등 관공서에 대한 사후신고가 대표적인 예이다.

또한 해당 계약 체결시까지 마무리되지 않은 특정 업무에 대한 유예기간을 정하여 해당 업무가 마무리된 이후 대금을 완납하기로 하는 경우도 있다. 매도인측에서 선행조건 충족을 위하여 노력하였음에도 매수인이 지정된 이행일에 대금 지급을 하지 못하는 경우에는 매도인 측의 손실이 매우 클 수 있으므로, 대금 지급을 담보하기 위하여 양 당사자의 승인하에 출금할 수 있는 에스크로 계좌에 미리 대금 전액을 예치하도록 하는 경우도 많이 있다.

9) 소규모 거래에서 생략될 수 있는 절차

위에서 언급한 경쟁입찰시의 복잡한 절차는 주간사 선정에 따른 수수료, 공고 및 입찰과 관련된 비용, 예비실사 및 본실사 등을 위한 데이터룸 생성 비용 등이 소요되어 매도인 입장에서는 상당한 재무적 부담이 수반될 수 있다.

그런데 대상기업의 예상 거래액이 상당한 정도에 이르지 않으면 주간사 및 잠재적 인수인들의 관심을 끌기 어려울 수 있고, 위와 같은 재무적인 부담을 줄이기 위하여 상대적으로 적은 금액의 거래에서는 위 절차의 상당 부분을 생략하는 경우가 많다. 주간사 없이 법무법인이나 M&A 중개기관을 통하여 잠재적 인수인을 물색하거나 알음알음으로 잠재적 인수인을 접촉하여 개략적인 희망 인수가격을 미리 확인한 이후에 이하에서 설명하는 수의계약으로 진행하는 경우도 많고, 소수의 잠재적 인수인을 대상으로 제한적 경쟁입찰을 하는 경우도 있다. 이 경우 거래 대금과 관련하여 초기에 어느 정도 합의가 이루어지기 때문에 실사가 형식적으로 진행되는 경우가 있으나 매수인의 입장에서는 피인수회사의 잠재적 리스크를 파악하기 위한 실사를 게을리해서는 아니 된다.

다만, 실사의 방법도 데이터룸을 통한 엄격한 방법이 아니라 비밀유지계약을 체결한다는 전제 하에, 실사 자료를 잠재적 인수인측에 이메일로 전송해 주는 방법으로 느슨하게 진행하기도 한다. 이 경우 매수인의 입장에서는 실사 자료의 정확성 및 제공하지 아니한 관련 자료가 없다는 점 등에 대하여 후술하는 '진술과 보증 조항'을 통하여 매도인에게 보증책임을 부담하도록 해야 한다.

3 수의계약 진행시 절차

1) 전략 및 계획 수립

수의계약 진행시에도 전략 및 계획 수립은 본질적으로 경쟁입찰 진행시와 크게 다르지 않다. 즉, 매각 목적에 따라 어떠한 형태의 거래를 할지 선택하여야 한다. 통상 소규모 M&A 거래에서 수의계약으로 진행하는 경우가 많으나, 삼성과 같은 대기업에서 피인수기업이 시장에 매물로 나와 있지 않은 상태에서도 자신의 주력 업종과 시너지를 낼

수 있는 회사를 적극적으로 찾아서 해당 회사의 대주주와 개별적으로 협상하여 M&A를 진행하는 경우도 적지 않기 때문에 소규모 거래에서만 수의계약에 의한 절차로 이루어진다는 편견은 버리는 것이 좋다.

2) 인수인 개별 접촉 및 LOI(인수의향서) 수령, 개략적 금액 범위 협의

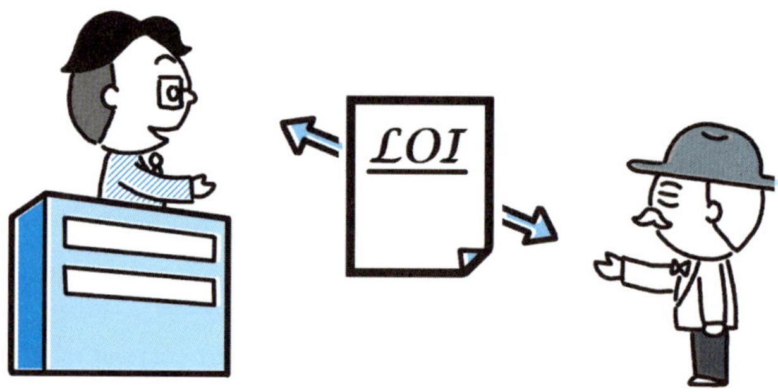

수의계약 진행시에는 피인수기업에 관심을 보이는 특정 인수인과 피인수기업의 대주주나 경영진이 개별적으로 접촉하여 협상이 이루어지기 때문에 입찰 절차는 완전히 생략된다. 그러나 인수인이 매도인과의 인수 조건 협상을 위한 근거를 마련하기 위하여 형식적으로라도 LOI를 매도인측에 전달하는 경우가 많다. 또한 수의계약 진행시에는 예비실사 없이 개략적인 거래 금액을 미리 합의하고 절차를 진행하는 경우가 대부분이다. 가장 중요한 거래 조건인 거래 금액에 대한 개략적인 합의가 이루어지지 않았다면 그 이후의 절차로 나아가기 어렵기 때문이다.

3) CA 또는 NDA(비밀유지계약서), MOU 체결 및 실사 진행

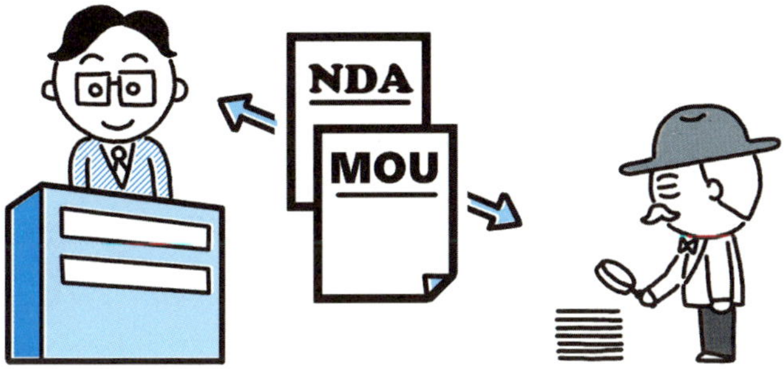

이 경우에는 우선협상 대상자 선정을 위한 예비실사 없이 바로 본실사에 들어 간다. 다만, 본실사에 들어 가기 전에 피인수기업의 정보보안을 위하여 비밀유지계약을 체결하고, 최초에 어느 정도 협의된 인수금액의 범위에서 MOU를 체결한다. 이때에도 MOU 체결 이후 본실사에 들어가기 전에 총 인수대금의 10% 정도의 이행보증금을 납부하도록 하는 경우가 많다. 이행보증금이 어느 정도의 담보 역할을 하므로, 이 경우에는 별도로 정보이용료를 요구하지는 않는다. 수의계약의 경우에는 초기에 어느 정도 인수대금이 합의된 상태에서 실사를 진행하므로 실사를 형식적인 절차로 치부하는 매수인도 있으나, 미처 확인하지 못한 피인수기업의 우발채무나 법규 위반으로 인한 리스크, 진행중인 소송의 패소에 따른 리스크 등을 꼼꼼히 확인해야 하므로, 매수인 입장에서 절대로 실사를 형식적으로 진행하여서는 아니 된다.

4) 최종협상 진행 및 계약서 합의안 확정, 체결 전 사전신고, 내부승인

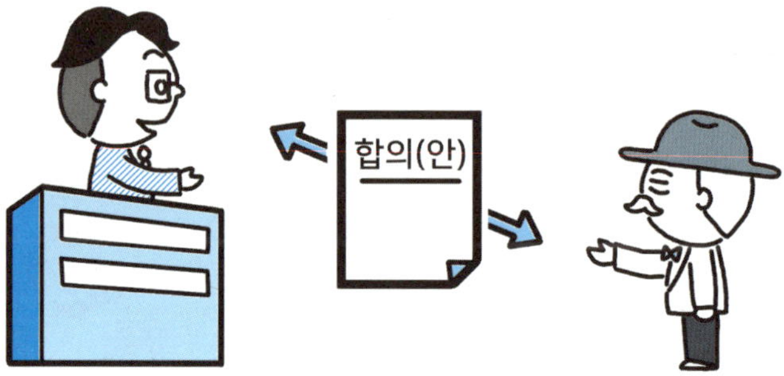

본실사 진행 이후 본실사 결과를 바탕으로 양 당사자가 최종 협상을 진행한 후에 합의안을 확정하고, 매도인과 매수인이 계약을 체결하기 전에 필요한 사전신고와 주주총회, 이사회 등 내부 승인을 거쳐야 한다는 점은 입찰절차 진행시와 동일하다.

5) 본계약 체결, 선행조건 충족, 이행 및 사후신고

본계약 체결 이후 이행시까지 필요한 선행조건을 충족하여야 하고, 이행 이후 사후에 필요한 신고 등 절차를 이행하여야 한다는 점 또한 입찰절차 진행시와 동일하다.

2 M&A의 거래 방식

1 M&A의 목적에 따른 거래 방식 결정

M&A의 거래 방식 또한 여러 가지가 있으나 M&A과정에서 당사자가 추구하는 목적에 따라 피인수기업의 신주를 인수하는 방법으로 할 것인지, 기존 대주주의 구주를 매매하는 방법으로 할 것인지 아니면 영업양수도의 방법으로 할 것인지 등이 달라지므로 각 방법을 취하는 이유와 쟁점을 살펴 볼 필요가 있다.

기술력이나 영업력은 있으나 일시적인 유동성 악화로 인하여 법정관리에 들어 간 회생법인과 같이 채무 초과의 상태에서 기존 주주가 큰 대가를 바라지는 않고 회사에 자금을 투입하여 채무 상환을 통해 회사를 정상화 시키기를 원하는 경우에는 신주인수의 방식으로 거래를 진행하여 기존주주의 지분을 희석시키고 인수인이 최대주주가 되는 한편, 인수인이 납입한 신주발행금액으로 채무를 정리하고 운영자금으로 활용하도록 하는 경우가 많다.

반면에, 기존 대주주가 비주력 사업을 정리하기 위하여 회사를 매각하고 매각대금을 받아서 다른 목적으로 활용하기를 원하는 경우에는 구주매매의 방식으로 거래를 진행한다.

최근에는, 기존 대주주가 구주매매를 하여 자금을 확보하는 동시에 신주발행을 통하여 회사에 운영자금을 투입하도록 하는 두 가지 방식을 병행하는 경우도 적지 않게 보인다.

한편, 주식매매방식이 아니라 영업양수도나 자산양수도 방식으로 M&A를 하는 경우도 있다. 이러한 방식의 거래는 통상 회사 전체를 인수하는 경우가 아니라 회사의 특정 사업부문만을 떼어 내어 별도로 인수하는 경우에 이루어지는 경우가 많은데, 회사의 주식은 회사 전체에 그 소유권이 미치므로 특정 사업부문에 대한 지분을 분리하기가 현실적으로 불가능하기 때문이다.

2 신주인수 방식

앞에서 언급한 바와 같이 신주인수 방식은 채무 상환 등을 위하여 피인수기업에 자금을 투입할 필요가 있을 경우에 진행한다. 그러나 반드시 채무 상환이 목적이 아니라 기술력은 있으나 상업화에 필요한 막대한 R&D 비용을 충당하기 위하여 이러한 방식을 이용할 수도 있다.

신주는 기존 주주들에게 발행하는 것이 원칙이나, 경영상 긴급한 필요가 있을 때에는 사전에 주주들에게 통지 또는 공고한 이후에 주주 이외의 제3자에게 배정할 수 있다(상법 제418조). 통상적으로 M&A

매각대상이 되는 기업의 경우에는 이러한 경영상 긴급한 필요가 인정될 가능성이 매우 높다. 신주의 발행은 자본금을 증가하는 것(증자)이므로 이사회 결의가 반드시 필요하다.

발행하는 신주는 보통주인 경우도 있으나 전환주식, 우선주식, 상환주식인 경우도 있는데, 이러한 옵션이 부여된 주식은 통상 주당 인수가액이 보통주보다 높아서 많은 수의 주식을 발행하지 않고도 상대적으로 여유 있는 신주발행 금액을 확보할 수 있다. 최근에는 이러한 옵션이 모두 부여된 상환전환우선주(RCPS, Redeemable Convertible Preferred Shares)를 발행하여 적은 수의 주식을 부여하고도 주당 인수가액을 상당히 높게 책정하는 경우도 적지 않다. RCPS를 발행하는 경우는 이하에 살펴 보는 바와 같이 M&A 절차에서 대상기업의 인수인이 인수자금이 부족할 경우 함께 컨소시엄을 구성하여 참여하는 재무적 투자자(FI, Financial Investor, 대상기업 사업의 직접적인 운영보다는 투자로 인한 차익에 관심이 있는 투자자)에게 여러 가지 자금 회수 옵션을 부여하면서도 경영권을 위협하는 지분을 많이 주지 않으려는 상황인 경우가 많고, 벤처기업에서 벤처캐피탈 등의 투자자로부터 (넓은 의미의 M&A로 볼 수 있는) 경영권에 영향을 미치지 않는 지분투자를 받는 경우에도 지분 비율보다 많은 배율의 자금을 투자받기 위하여 RCPS를 발행하기도 한다.

전환사채(CB)나 신주인수권부사채(BW)는 주식으로의 전환 또는 신주인수권의 가능성이 있는 주식유사의 유가증권이기는 하나, 전환 또는 신주인수권 행사 이전에 그 자체로 주식으로서의 기능을 할 수는 없으므로 어디까지나 재무제표상 부채로 인식되고, 따라서 그 인수인이 회사의 주주가 아닌 채권자로 간주되기 때문에 경영권에 영향을 미치지 않는 투자방식으로 활용될 수는 있어도 회사의 경영권을 인수하는 좁은 의미의 M&A 방식으로 사용되기는 어렵다. 한편, 최근에는 RCPS의 경우 상환권을 행사하게 되면 사실상 원금이 보장되는 채권으로서 기능할 수 있다는 이유로 회계상 부채로 인식될 수 있다는 회계기준이 힘을 얻고 있으므로 이미 부채비율이 높아서 그 비율에 신경을 쓰고 있는 회사라면 발행에 신중을 기할 필요가 있다.

신주발행의 주체가 회사이므로 신주인수 방식에 의한 거래는 계약당사자가 인수인과 대상회사가 되며, 원칙적으로 대주주는 계약당사자의 지위에 있지 아니하나, 실무적으로는 대주주의 입장에서 회사의 의무이행을 담보한다는 차원에서 대주주에게도 계약의 당사자로서 서명 또는 날인을 하도록 하는 경우가 적지 않다.

3 구주매매 방식

구주매매 방식은 위에서 잠깐 언급한 바와 같이 피인수기업의 재무구조가 탄탄하여 신규 자금 유입의 필요성은 크지 않으나, 기존 대주주가 비주력 계열회사의 정리 또는 여유자금 마련 등을 목적으로 자신의 경영권을 넘기려고 하는 경우에 활용된다. 경우에 따라서는 대상기업의 시너지 효과를 높게 평가한 대기업에서 객관적인 기업가치를 월등히 상회하는 자금을 제시하면서 당초 회사를 매각할 생각이 없었던 기존 대주주를 설득하는 방식으로 거래가 이루어지기도 한다.

후자의 경우에는 매도인이 협상의 우위에 있어서 매각대금 협상을 위한 실사를 형식적으로 진행하거나 경우에 따라서는 실사를 거의 진행하지 않는 경우도 있을 수 있으나, 회사 내부의 자료를 살펴 보면서 그 리스크를 판단하는 것은 외부에서 피상적으로 회사를 바라보는 것과 매우 다르기 때문에 실사 절차를 생략하거나 소홀히 하는 것은 매우 위험한 일이다. 따라서 반드시 가격 협상을 위한 것이 아니라고 하더라도, 실사를 통하여 발견된 리스크에 대하여 이하에서 설명하는 진술과 보장의 형식으로 매도인의 확약을 받고, 추후 진술과 보증 내용이 사실과 다른 경우 그에 대한 위약금 등의 패널티를 부과하거나 해당 위반에 따른 실질적인 손해를 배상하도록 하는 등으로 협상을 진행하여야 한다.

4 신주인수와 구주매매를 병행하는 방식

한편, 앞에서도 간단히 언급한 바와 같이, 기존 주주가 주식 매각으로 여유자금을 확보하는 한편, 회사에도 여러 가지 사유로 운영자금의 투입이 필요한 경우에는 신주인수와 구주매매를 병행하는 방식으로 진행하기도 한다. 전략적 투자자(SI, Strategic Investor, 매각차익 보다는 대상기업의 사업에 관심이 있는 투자자 또는 인수인)와 재무적 투자자(FI)가 컨소시엄을 구성하여 대상회사를 인수하는 경우, SI는 구주매매의 방식으로 기존 대주주의 주식을 매수하고, FI는 신주인수의 방식으로 회사에 신주대금을 납입함으로써 함께 경영권을 인수한 이후 일정한 기간 이내에 대상회사의 주식을 상장(IPO)하기로 하는 등 FI가 자금을 회수할 수 있는 여러 가지 조건들을 계약서에 기재하는 경우도 있다.

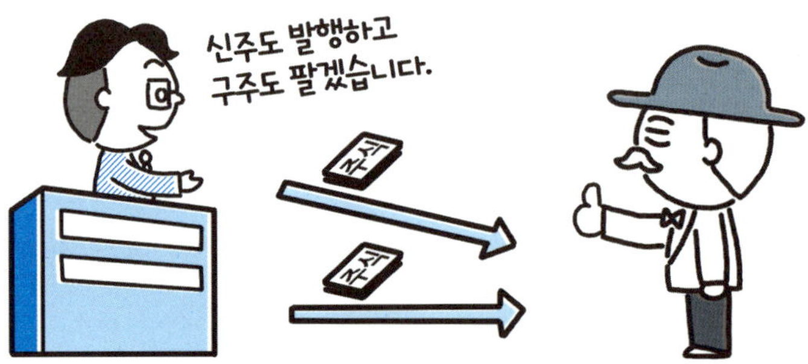

5 영업양수도 또는 자산양수도의 방식

위에서 언급한 바와 같이 회사 전체가 아닌 특정 사업부문만을 인수하려고 하거나, 특정한 자산이 사업에 큰 의미를 가지고 있어서 해당 자산만을 인수하려고 하는 경우, 아니면 특정한 기술과 관련된 지적재산권(IP)의 가치가 매우 높아서 해당 IP만을 인수하려고 하는 경우 등 대상회사 전체의 인수로 진정으로 원하는 목적을 달성하기 어려운 경우에는 영업(사업)양수도 또는 자산양수도의 방식으로 거래하게 된다.

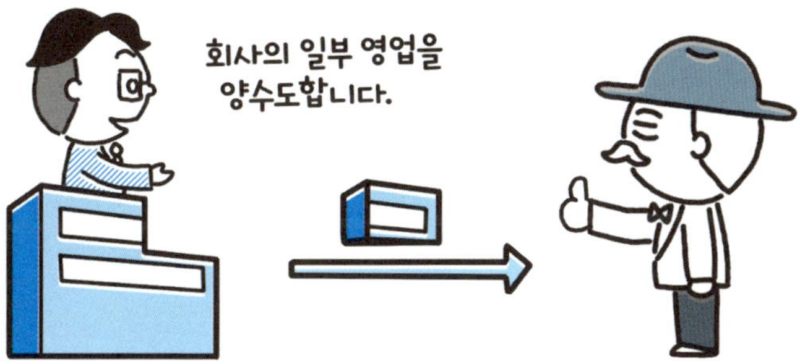

영업양수도와 자산양수도의 차이는, 전자가 특정 사업부문의 인적 · 물적 자원 일체를 포괄적으로 양수도하는 것임에 비하여, 후자는 인력은 양수도 대상에 포함되지 않으며, 전자의 경우 해당 사업부문의 부채도 함께 따라 오는 반면에 후자의 경우 부채는 떠안지 않고 자산만을 가지고 온다는 점 등에 있다. 한편, 자산양수도의 경우에는 해당 자산에 대한 인허가가 승계되지 않으므로 양수인이 별도로 인허가를 받아야 하는 번거로움이 있다.

특정 사업부문의 M&A를 주식매매 방식으로 진행하려면 해당 사업부문을 별개 법인으로 분리하는 회사분할 절차를 거친 후에 분할신설법인의 주식을 매매하면 되는데, 어차피 매각할 사업부문에 대하여 이러한 절차를 거치는 것은 상당히 번거롭기 때문에 이러한 경우에는 해당 사업부문에 대한 영업양수도의 방식을 선택하는 것이 훨씬 간편하다.

영업의 전부 또는 일부 양도나 영업용 중요자산 양도의 경우에는 회사 전체에서 해당 사업부문이나 자산의 중요도에 따라 상법 제374조에서 정한 주주총회 특별결의가 필요하므로, 영업양수도 계약 등을 체결하기 전에 내부적 선행절차로 이사회 결의 및 주주총회 특별결의를 마쳐야 한다. 주주총회 특별결의가 필요한 중요한 영업 또는 자산 양수도인지 여부는 통상 주요사항보고서 공시의 기준을 정하고 있는 자본시장법 시행령 제171조 제2항에서 정하는 바와 같이 양수도 대상 사업부문의 자산 또는 매출액이 전체 회사 자산 또는 매출액의 10%를 초과하는지 여부를 기준으로 하는 것이 일반적이다.

위에서는 회사 전체가 아닌 특정 사업부문에 대한 경영권을 넘기는 경우를 영업양수도에 따른 M&A 거래의 일반적인 사례인 것처럼 설명하기는 하였으나, 그렇다고 회사 전부에 대한 경영권을 영업양수도 방식으로 진행하는 것이 불가능한 것은 아니고 실제로 영업양수도의 방식으로 전체 사업을 이전하는 경우도 있다. 다만, 이 경우는 대상회사의 주주로서의 소유권이 넘어가는 것이 아니고 해당 사업을 구성하는 인적, 물적 자산이 포괄적으로 이전되는 것이므로 대상회사의 법인격은 껍데기만 유지한 채 남거나(이후 대상회사가 청산절차를 거쳐서 소멸하는 것은 별론으로 한다) 소규모의 잔여 사업만을 유지하면서 회사를 이어 가는 상황에서, 대상회사의 주요사업과 관련된 자산 및 인력에 대한 모든 권리를 인수인 회사가 보유하게 된다는 점이 신주인수 또는 구주매매 방식의 M&A와 다른 점이다.

한편, 실무상으로는 주식매매에 의한 M&A의 경우에도 계약서의 표제를 "주식 및 사업양수도 계약" 또는 "주식 및 경영권 인수계약" 등으로 기재하는 경우가 있는데, 후자의 경우는 주식매매를 통하여 대주주의 지위를 이전하는 것이므로 개념상 큰 문제가 없으나 전자의 경우에는 주식매매계약인지 영업양수도계약인지 혼란을 초래할 수 있다. 그러나 전자의 경우에도 주식매매로 대주주의 지위가 이전되는 결과 그와 관련된 사업도 함께 이전되는 것이라는 것을 부수적으로 표시한 것으로 이해할 수 있는데, 이러한 경우는 계약서 표제의 문구에도 불구하고 통상적인 주식매매에 의한 M&A에 불과하며, 실질적인 영업양수도 방식의 M&A가 아니라는 점을 유의할 필요가 있다.

3 대상회사의 기업가치 산정 방법

1 기업가치를 산정하는 몇 가지 방법

대상회사를 인수하기 위한 협상의 전제로서 해당 기업의 가치를 객관적으로 평가할 수 있어야 양 당사자간에 합의점을 찾을 수 있다. 매도인의 매각 희망 가액과 매수인이 생각하는 적정 인수 가격에 차이가 크다면, 그 거래는 성사되기 어렵다. 그러므로 이러한 협상의 출발선으로서 객관적인 기업가치의 판단 기준이 있어야 하는데, 특정한 방법만이 정답이라고 할 수는 없으나 회계적으로는 다음의 몇 가지 기준 중에서 적절한 방법을 선택하고 있다. 다만, 이하에서는 가치 산정을 위한 개략적인 기준만을 설명하고 구체적인 계산 방법은 전문적인 회계법인의 영역에 맡기기로 하겠다.

1) 자산가치법

대상기업의 자산을 바탕으로 기업가치를 산정하는 방법이다. 이 방법은 다시 순자산가치법, 청산가치법, 대체가치법으로 나뉜다.

① 순자산가치법은 대상기업의 총 자산에서 부채와 무의미한 자산, 장기미수채권, 우발부채, 퇴직급여충당금 설정액 등을 공제하고 남은 순자산 가치를 바탕으로 기업가치를 평가하는 방법이다.

② 청산가치법은 대상기업의 자산을 개별적으로 분리하여 처분하였을 때에 받을 수 있는 교환가치를 기준으로 기업가치를 평가하는 방법이다. 이 방법은 기업이 영업활동을 하지 않는 것을 전제하므로 기업에 대한 회생절차를 진행할 것인지 파산절차를 진행할 것인지를 판단할 때 주로 활용되며[5], 사업을 영위하는 것을 전제로 기업가치를 산정하는 통상적인 M&A 절차에서는 거의 사용되지 않는다.

---

5) 계속기업가치가 청산가치를 초과하면 회생절차로 들어 가서 기업을 영위하면서 그 수익으로 일부 탕감된 채무를 일정 기간 동안 정리하도록 하고, 기업을 계속 운영해 봤자 적자만 누적되고 오히려 개별적인 자산을 처분하는 청산가치에 미치지 못한다면 파산절차로 이행하는 결정을 하는 것이 일반적이다.

③ 대체가치법은 대상기업을 새로 설립하는 것으로 가정하여 기업 자산의 현재시세를 바탕으로 기업가치를 산정하는 방법이다. 이 방법은 대규모 설비가 필요한 장치산업의 경우에 활용되기도 한다.

위에서 살펴 본 자산가치법은 현재의 객관적인 회사 자산을 기초로 하므로 그 기준이 명확하다는 장점이 있으나, 대상기업의 미래 수익창출 능력을 제대로 반영하지 못한다는 단점이 있다.

2) 상대가치법

대상기업과 유사한 다른 기업의 주가나 거래 정보를 비교하여 가치를 평가하는 방법이다. 주로 주가배수법 등의 지표를 활용하여 기업가치를 평가하는데, 유사한 기업을 선택하는 과정 등에 주관적인 요소가 개입될 여지가 많다는 단점이 있다.

3) 수익가치법(현금흐름할인법)

미래에 발생할 것으로 예상되는 추정실적을 바탕으로 기업의 현재 가치를 평가하는 방법으로서, 영어로는 DCF(Discounted Cash Flow) 방식이라고도 한다.

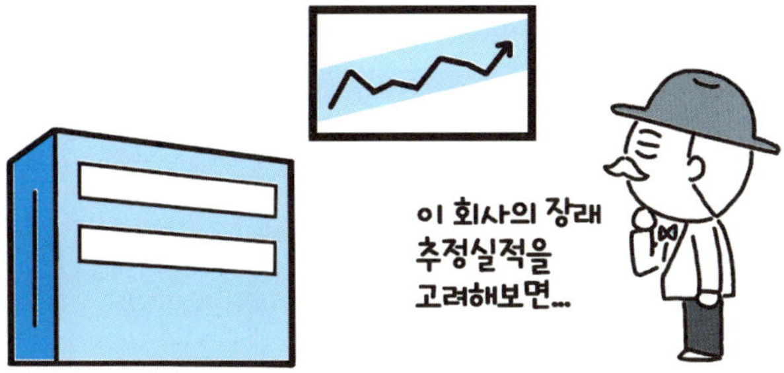

현재 보유한 자산이 풍부하지는 않으나 기술력과 영업력이 뛰어난 기업의 경우 미래가치는 높을 수 있는데, 특히 성장세에 있는 기업의 경우 높은 평가를 받을 수 있으므로 실제로 계속기업가치를 평가하는 방법으로 많이 활용되고 있다. 다만, 여러 가지 가정을 전제로 미래가치를 산출하기 때문에 글로벌 경제 위기 등 다양한 변수를 고려하기 어렵다는 단점이 있다.

4) 법령 기타 규정에 따른 주식가치 산정방법

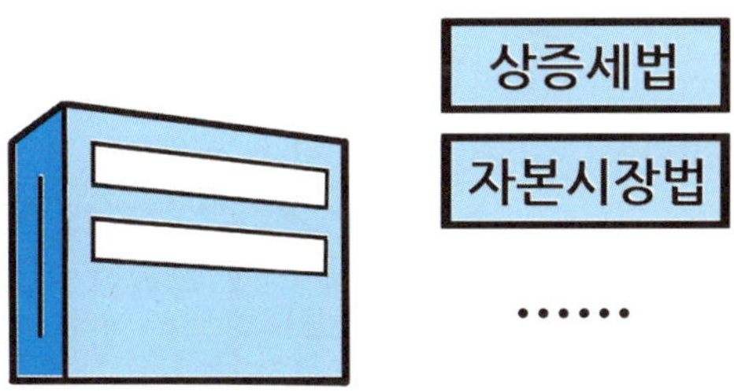

① 상속세 및 증여세법(상증세법)상 비상장법인 주식 평가방법

상속세 및 증여세법상 비상장법인 주식 평가방법은 시세를 확인할 만한 거래 자료가 없는 비상장주식을 증여하거나 상속하였을 때에 증여세 또는 상속세를 과세하기 위한 보충적 기준이다. 관련 규정에 따르면 1주당 순손익가치와 1주당 순자산가치를 각각 1.5와 1의 비율로 가중평균하여 산정하도록 하고 있다. 한편, 최대주주가 보유한 주식의 경우 경영권 프리미엄을 감안하여 할증 평가를 하고 있다.

② 자본시장법 관련 규정상 합병가액 산정의 기준

자본시장법의 하위규정인 증권의 발행 및 공시 등에 관한 규정 시행세칙 제4조에 따르면, 합병가액의 산정방법에 있어 자산가치와 수익가치를 각각 1과 1.5로 하여 가중산술평균하도록 정하고 있는데 이 내용은 위에서 본 상속세 및 증여세법상 비상장주식 평가 방법과 실질적으로 동일하다.

위와 같은 법령상 방식에 의한 주식가치 산정 방법을 본질적 가치평가 방법이라고도 하는데 자산가치법과 수익가치법을 절충한 방법이기는 하나, 실제로는 이러한 방식에 의하여 산정된 주식 가액을 기준으로 거래가 이루어지는 사례는 많지 않은 것으로 보인다.

5) 실제 사례의 경우

위와 같이 여러 가지의 기업가치 산정 방법이 있으므로 거래 당사자는 위 방법 중 각 기업의 상황에 맞게 적절한 방법을 선택하여 기업가치를 산정하면 된다. 그러나 실제로 경쟁입찰의 경우에는 경쟁의 심리 효과로 인하여 위와 같은 방법으로 산정된 기업가치를 훨씬 상회하는 금액을 제시한 잠재적 인수인이 우선협상대상자로 선정되는 경우가 많다. 또한 위에서 살펴 본 바와 같이 대상기업이 매수인의 기존 사업과 상당한 시너지를 창출할 것으로 기대되는 경우에도 매수인이 위 방법으로 산정된 기업가치보다 월등하게 높은 인수 가격을 제시하면서 기존 대주주나 경영진을 설득하기도 한다.

2 법무실사와 회계실사를 통한 실제 가치의 확인

위에서 살펴 본 방법에 따라 기업가치를 산정하고 대략적인 인수금액에 대하여 매수인과 매도인 사이에 합의가 되어 이를 바탕으로 MOU를 체결하면, 매수인은 법무실사와 회계실사[6]를 통하여 기업의 실제 가치를 확인하고 당초 인수 제안 금액의 일정 범위 내에서 최종 인수금액을 확정하기 위하여 매도인과 추가 협상을 진행한다.

회계실사는 매도인측에서 제시한 재무제표가 회사의 정확한 재무상황을 반영하고 있는지를 확인하는 작업인데, 장부 작성의 기초가 된 원 자료(raw data)를 검토하고 재고 실사나 거래처 조사, 업무 관계자 인터뷰 등 여러 가지 방법을 통하여 진행한다. 회계실사의 목적은 재무제표의 적절성 확인 이외에도 대상기업에 예상치 못한 우발채무가 발생할 가능성이 있는지 여부이며, 만일 회계실사의 결과 매도인측이 제시한 회계자료와 상이한 내용이나 발생 가능성이 높은 우발채무를 발견하였다면, 매도인측이 제공한 자료를 바탕으로 산정된 인수 제안 금액을 조정하기 위하여 협상을 진행할 수 있다.

법무실사는 회사의 정관, 이사회 규정, 취업규칙 등 각종 내규, 주

6) 실사는 영어로 due diligence라고 하는데, 사전적으로는 상당한 주의의무를 이행해야 할 당사자의 책임이라는 의미이다. 현실적으로는 상대방의 이야기만 듣고 판단하는 것이 아니라 현장에서 상대방이 주장하는 자료를 실제로 확인하는 행위로 이해되고 있다.

주총회 및 이사회 의사록, 인허가와 관련된 자료, 지적재산권 관련 자료, 각종 계약서, 소송 관계 서류 기타 분쟁상황 관련 자료, 행정처분과 관련된 자료 등 회사와 관련된 거의 모든 문서를 법적으로 검토하고 관계자를 인터뷰하는 등의 방법으로 회사에 발생할 수 있는 법적 리스크를 확인하는 작업이다. 이러한 작업을 바탕으로 예상치 못한 회사의 법적인 위험 요소를 발견한 경우, 만일 그것이 금전적인 지출을 요하는 소송에서의 패소 가능성 등 우발채무의 발생 가능성이라면 바로 대금 조정을 위한 협상에 반영할 수 있고, 회사의 평판 저하 가능성 등 비재무적인 요소인 경우에도 대금 조정이나 기타 중요한 조항에서 매수인측에 유리한 합의를 이끌어 내는 협상 수단으로 활용할 수 있다.

따라서 위와 같은 법무실사와 회계실사는 거래 비용을 절감한다는 이유로 생략해서는 절대로 안되는 절차이며, 적절하고 실력 있는 회계법인 및 법무법인을 선정하여 진행하여야 한다. 다만, 거래 규모가 상대적으로 크지 않음에도 메이저 회계법인이나 대형 법무법인을 선정하여 실사를 진행하는 경우에는 과도한 거래비용이 발생할 수 있으므로 거래 규모에 맞게 합리적인 판단이 필요한 부분이다.

4 M&A를 위한 자금 조달

1 인수자금의 조달과 관련된 문제

M&A를 위한 인수자금은 인수제안 당시부터 실현 가능한 조달 계획이 마련되어 있어야 한다. 경쟁입찰 절차의 경우 현실적인 인수자금 조달 계획을 제출해야 하므로 절차에 참여하려면 자연스럽게 계획이 마련될 수 있다. 그러나 수의계약의 경우에도 자금 조달이 제대로 이루어지지 않는다면 추후 잔금 납입이 어려워질 경우 상당액의 이행보증금이 몰취될 수 있기 때문에 합법적이고 현실적인 자금조달 계획을 잘 세워야 한다.

인수자금 조달은 ① 자체자금의 활용, ② 차입에 의한 조달, ③ 자본 조달, ④ 컨소시엄 구성 등의 방법으로 이루어진다.

① 자체자금의 활용은 회사가 기존에 보유하고 있는 잉여 자금이나 매각 가능한 비주력 자산 등의 처분을 통하여 마련한 현금을 인수자금으로 활용하는 것이다. 가장 확실하고 안전한 자금 조달 방법이기는 하나, 자금력이 풍부한 몇 몇 대기업을 제외하고는 현실적으로 자체자금만으로 인수자금 전액을 충당하는 사례는 그렇게 많지 않다.

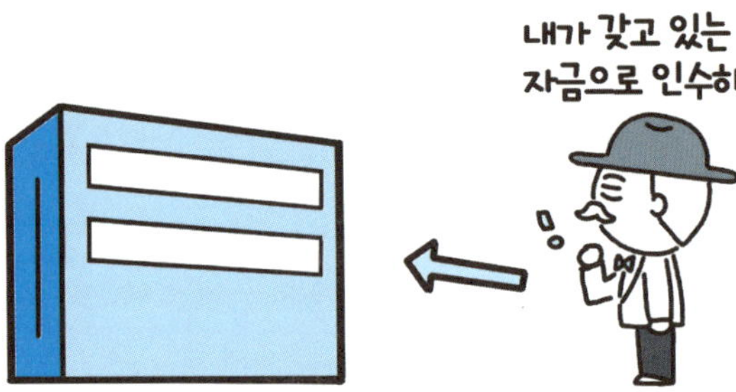

② 차입에 의한 조달은 회사의 자산을 금융기관에 담보로 제공하고 차입을 하거나 일반투자자 또는 기관투자자 등을 대상으로 사채(CB, BW 등 특수사채 포함) 등을 발행하여 인수자금을 조달하는 것이다.

다만, 차입에 의한 인수자금 조달의 비중이 너무 높아지게 되면 앞서 살펴 본 M&A 실패 사례에서와 같이 인수 이후 대상회사의 실적이

생각만큼 빠르게 향상되지 못했을 경우 이자 및 원금 상환의 압박으로 회사 전체가 위기에 처할 수 있으므로 그 비중을 적정한 수준으로 조절하는 것이 필요하다.

③ 자본 조달은 회사가 유상증자 등을 통하여 유입된 추가 자본금을 인수자금으로 활용하는 것이다. 자본 조달의 경우 위에서 살펴 본 RCPS를 발행하여 제3자에게 적은 지분을 부여하면서도 상대적으로 많은 자금을 마련하는 방법을 활용하기도 한다.

④ 한편, 앞서 간략히 언급한 바와 같이 대상회사 사업과의 시너지 효과를 노리는 전략적 투자자(SI)인 인수인이, 대상회사 인수 이후 기업가치 상승에 따른 투자이익 회수를 노리는 재무적 투자자(FI)와 함께 컨소시엄을 구성하여 공동으로 인수자금을 마련하는 방법도 상당히 빈번하게 활용되고 있다. 위에서 본 자본 조달과 컨소시엄 구성의 차이는, 자본 조달은 인수기업(매수인)의 신주를 제3자에게 부여하고 이를 통해 마련된 자금으로 매수인이 단독으로 대상회사를 인수하는 것이고, 컨소시엄 구성의 경우 피인수기업(대상회사)의 신주 또는 구주

를 SI와 FI가 함께 인수하거나 매수한다는 점에 있다.

2 재무적 투자자(FI)의 필요성 및 한계

위에서 본 바와 같이 인수기업이 FI와 컨소시엄을 구성하면 자금조달의 부담을 상당히 줄일 수 있고, 차입에 의한 조달에서와 같이 인수인의 원리금 상환 부담이 전혀 없기 때문에 SI와 FI가 컨소시엄을 구성하여 M&A에 참여하는 사례가 많이 있다. 경우에 따라서는, 시장에 잘 알려 지지 않은 인수인이 평판 좋은 FI와 함께 인수전에 참여한 후광 효과로 인하여 우선협상대상자로 선정되기도 한다.

그러나 FI와 컨소시엄을 구성하는 것이 마냥 좋기만 한 것은 아니다. FI는 어디까지나 상대적으로 길지 않은 기간의 범위에서(짧게는 3년, 길게는 10년) 투자이익 회수를 목적으로 하는 주체이므로, 피인수기업(대상회사)의 사업이 예상대로 빠른 시간 안에 성공적으로 진행되지 못하고 만일 일정한 기간 내에 IPO(주식의 거래소 또는 코스닥 상장)를 하기로 한 약정이 있었는데 현실적으로 해당 기간 내에 상장요건을 충족시키기가 불가능한 경우, 해당 약정을 이행하지 못한 패널티를 매수인 또는 피인수기업이 부담해야 하는 상황이 발생할 수 있다.

특히 FI에게 RCPS를 발행한 경우 적은 지분으로 많은 자금을 조달할 수 있는 장점이 있다는 것은 앞서 설명한 바와 같으나, 투자자에게 상환권 옵션이 있어서 사실상 채무를 이행하는 것과 같이 피인수기업이 이자 등을 포함한 막대한 상환 의무를 부담할 수 있다는 점을 충분히 고려해야 한다.

3 LBO(대상회사 자산을 활용하는 차입매수)의 문제점

1) LBO의 개념 및 문제점

LBO(Leveraged Buyout)는 일반적으로 기업 인수를 위한 자금의 상당 부분에 관하여 피인수회사의 자산을 담보로 제공하거나 그 상당 부분을 피인수기업의 자산으로 변제하기로 하여 차입한 자금으로 충당하는 방식의 기업 인수기법을 일괄하여 부르는 경영학상의 용어이다.[7)]

LBO는 인수인이 자신의 자금 이외에 대상회사 자산을 활용하여(피인수회사의 자산을 지렛대로 사용한다는 의미에서 leverage라는 용어가 사용됨) 인수자금을 마련하는 것이므로 앞에서 살펴 본, 인수인 자신의 자산을 담보로 제공하는 차입에 의한 조달과 구별된다. 다만, 이하에서 보는 바와 같이 당초에는 차입에 의한 조달로 시작하였으나 결과적으로 피인수기업에 그러한 채무 부담이 전가되는 경우에는 LBO로 판단될 수 있다.

피인수기업의 자산을 활용하여 인수자금을 마련하게 되면, 인수자

7) 이러한 LBO의 정의는 대법원 2010. 4. 15. 선고 2009도6634 판결에 기재된 문구를 그대로 인용한 것이다.

금으로 활용된 차입금에 대한 상환의무를 피인수기업이 부담하게 되거나 피인수기업의 자산이 인수자금의 담보로 제공되어 극단적으로는 아무런 자력이 없는 인수인의 M&A로 인하여 결과적으로 피인수기업이 인수자금 상환의 부담을 안게 되는 상황이 발생할 수 있으므로, 이러한 행위가 피인수기업에 대한 배임죄에 해당하는지에 대한 논란이 지속되어 왔다.

2) LBO의 유형별 판단

LBO와 관련된 판례와 연구논문은 2000년대 중반 이후 현재까지 많이 축적되어 있는데, 이러한 판례와 논문들의 내용을 종합해 보면, LBO의 유형은 크게 ① 피인수회사가 인수회사의 인수대금을 위한 담보를 제공하거나 인수대금 채무를 보증하게 하는 "담보제공형 LBO", ② 인수회사가 M&A 직후 피인수회사를 합병하여 피인수회사의 자산이 인수대금 채무의 책임재산이 되도록 하는 "합병형 LBO", ③ 피인수회사의 자산을 인수회사에 유상감자, 배당, 자사주매입 등의 방법으로 분배하고 이 금원으로 인수대금 채무의 변제에 활용하는 "분배형 LBO"로 나눌 수 있다.[8)]

① "담보제공형 LBO"의 대표적인 사례로서, 대부분의 매입자금을 외부 금융으로 조달하여 피인수기업 인수 직후 인수인이 자신의 채무를 담보하기 위하여 피인수기업의 자산을 담보로 제공한 경우 배임죄가 인정된다는 '신한 사건'의 대법원 판결[9)]이 나온 이후, 상당한 기간

---

8) 천경훈, "LBO 판결의 회사법적 의미", 저스티스 127호(2011. 12.), 한국법학원, 213면 참조.

동안 담보제공형 LBO는 배임죄에 해당된다는 일련의 판결들이 있었다. 그런데, '신한 사건'으로부터 약 9년이 지난 후 대법원에서는, 피인수기업이 M&A 직후 인수인의 인수채무를 위한 담보를 제공하는 한편, 자신의 부동산을 담보로 대출을 받아 인수인에게 발행한 BW를 만기 전에 상환한 '온세통신 사건'에서 배임의 고의가 인정되지 않는다는 이유로 무죄를 선고하였다.[10)]

한편, 인수가 무산되어 법적인 판단을 받은 사례는 아니나, 2021년부터 2022년 사이에 진행된 쌍용자동차 M&A에서 우선협상대상자로 선정된 에디슨모터스가 자체적인 인수자금 조달이 어려워지자, 쌍용자동차의 자산을 담보로 자금을 마련하려는 인수계획을 제시했다가 당시 쌍용자동차의 최대 채권자인 산업은행의 이동걸 회장으로부터 '이는 전형적인 LBO이며, 나쁜 M&A'라는 비판을 들었던 사실이 있다.[11)] 에디슨모터스는 결국 인수자금을 마련하지 못하여 쌍용자동차 인수에 실패하였고, 이후 새롭게 진행된 M&A 절차에서 KG그룹이 쌍

---

9) 대법원 2006. 11. 9. 선고 2004도7027 판결

10) 대법원 2015. 3. 12. 선고 2012도9148 판결

11) 이동걸, "에디슨의 쌍용차 인수는 LBO, … 나쁜 M&A" 2022. 1. 27.자 서울파이낸스, 김현경 기자 기사 참고.
http://www.seoulfn.com/news/articleView.html?idxno=445428

용자동차를 최종적으로 인수하게 되었다.

② "합병형 LBO"와 관련하여, 인수인이 특수목적법인(SPC, Special Purpose Company)을 설립해서 SPC의 외부 금융기관 차입 대금으로 피인수기업을 인수한 뒤 인수인이 SPC를 합병하고 다시 이 합병회사가 피인수기업을 합병한 '한일합섬 사건'[12]에서, 위 합병의 실질이나 절차에 하자가 없고 피인수기업이 위 합병으로 손해를 입지 않았다고 판단하여 배임죄의 성립을 부인하였다.

그런데 해외 사모펀드등과 함께 SPC를 활용한 복잡한 구조의 대출 및 지분관계를 통해 피인수기업을 인수한 이후 합병을 통하여 합병법인으로 하여금 인수자금 대출금을 변제하도록 한 '하이마트 사건'[13]에

12) 대법원 2010. 4. 15. 선고 2009도6634 판결

13) 대법원 2020. 10. 15. 선고 2016도10654 판결. 복잡한 거래 구조의 실제 내용은

서는, 합병으로 합병법인의 근저당권 피담보채무가 된 대출금 채무는 SPC가 인수자금 차입을 위하여 생긴 채무로서, 합병법인의 수요와 이익을 위한 것이 아니라는 이유로 배임죄의 성립을 인정하였다.

③ "분배형 LBO"와 관련하여, 인수인이 SPC를 설립하고 SPC가 금융기관에서 인수자금을 차입하여 피인수회사의 주식을 취득한 이후, 피인수회사가 SPC에 유상감자 및 배당 명목으로 자금을 이전하고 SPC가 감자대가 및 배당금으로 차입금을 변제한 '대선주조 사건'[14]에서 감자대금 및 배당금 수령은 주주의 권리이고 배당가능이익을 감안할 때 피인수회사에 손해를 입혔다고 볼 수 없다는 이유로 배임죄의 성립을 부인하였다.

위 판결의 사실관계 참고 바람.

14) 대법원 2013. 6. 13. 선고 2011도524판결

3) LBO 활용시 주의사항

이상 살펴 본 바와 같이 LBO는 유형도 다양하고 얼핏 보면 유사한 사례에서 법원이 배임죄 성립 여부와 관련하여 상반된 판단을 하고 있으므로, 불필요한 형사책임 부담을 회피하려면 가급적 자금 조달의 방법으로 활용하지 않는 것이 좋다.

다만, LBO 방식은 배임죄의 처벌 규정이 없는 영 · 미권 국가에서는 실제로 형사적인 책임의 부담 없이 M&A의 자금 조달 방법으로 널리 사용되고 있으며, 인수인의 탁월한 경영수완으로 회사의 실적을 향상시킬 수 있다면 인수자금을 굳이 인수인의 자력으로 마련하지 않더라도 크게 문제되지 않는다는 인식이 있어서 우리나라 법원의 입장과는 다소 차이를 보이고 있다.

이러한 점에서, M&A 이후 회사의 실적이 상당히 개선되어 성공적인 M&A로 평가받던 '신한 사건'에서 담보제공형 M&A라는 이유로 검찰의 집요한 수사가 이루어지고 결국 대법원에서 배임죄의 유죄 판결이 확정된 이후, 이 판결은 실제로 피인수회사에 손해가 발생하지 않았음에도 인수 자금 조달 방법을 지나치게 제한하였다는 이유로 경영계와 학계에서 많은 비판을 받아 왔다. 이러한 비판적인 입장을 고려한 것인지는 몰라도, 앞에서 본 바와 같이 '신한 사건'으로부터 약 9년 이후 대법원에서 판결이 선고된 '온세통신 사건'에서는 배임죄의 고의를 부인하여 이러한 방식의 자금조달 방법이 인정될 수 있는 여지를 남겨 두고 있으며, 기타 다른 유형의 사건에서도 사안에 따라 다른 입장을 보이고 있다.

따라서, 자체적인 자금 조달 능력에 한계가 있어 부득이 LBO의 방법을 사용해야 하는 상황이라면, 관련 사건을 면밀하게 분석하여 보다 안전한 거래 구조를 제시해 줄 수 있는 역량 있는 변호사의 자문을 받아 진행하는 것이 바람직하다.

5 M&A와 근로관계의 문제

1 M&A 진행시 임직원 고용 승계

미국과 같이 근로자의 해고가 비교적 자유로운 나라의 경우에는 M&A 이후 재무구조 개선을 위하여 대규모 정리해고를 하는 사례가 적지 않으나, 우리나라에서는 단지 M&A로 회사의 주인이 변경된다고 하여 임직원을 대규모로 해고하는 사례가 많지 않다.

간혹 한계기업으로서 기업 실적에 비하여 임직원이 과도하게 많은 회생법인의 경우 M&A 이후 임직원에 대한 정리해고 또는 명예퇴직이 이루어지는 경우도 있지만, 이는 해당 기업이 고유하게 가지고 있던 문제점에 의한 것이지 그러한 퇴직이 M&A를 직접적인 원인으로 한다고 보기는 어렵다.

법리적으로도 구주매매 또는 신주인수 방법에 의한 M&A는, 회사는 그대로인데 단지 회사의 주인인 주주만 변경되는 것이므로 고용관계를 변경할 아무런 법적 근거가 없다. 또한 영업양수도에 의한 M&A는 위에서 살펴 본 바와 같이 영업양수도의 법적 개념이 해당 사업과 관련된 인적 · 물적 자원을 포괄적으로 이전하는 것이므로 인적자원인 고용관계의 승계를 당연히 전제한다고 볼 수 있다. 다만, 자산양수도의 경우에는 해당 자산과 관련된 영업양수도의 목적으로 거래가 진행된 경우가 아니라면, 원칙적으로 물적자산 이전과 별도로 고용승계는 이루어지지 않는다.

다만, 실무적으로는 CEO를 비롯한 주요 임원, 기획부서나 재무 · 회계부서, 인사부서 등 핵심 보직자의 경우에는 이러한 포지션에 새로운 경영진의 측근을 배치하여 조직을 장악하기 위해서 해당 주요 보직자와 구 경영진이 미리 협의하여 M&A 완료와 동시에 사임하는 것으로 합의하는 경우도 있다. 경우에 따라서는 계약의 선행조건에 해당 임직원의 사임 확약서 징구를 기재하기도 한다.

이러한 합의가 고용승계의무를 배제하는 것인지 여부에 대하여는 논란이 있을 수 있으나, 구 경영진이 자신의 책임하에 핵심 보직자에게 상당한 보상을 주면서 퇴직을 종용하고 당사자가 이를 수용하는 경우에는 합의 또는 자의에 의한 퇴직으로서 크게 문제되지 않을 것으로 보인다.

그러나 대상자가 끝까지 퇴직을 거부하고 만일 퇴직시 해고 또는 권고사직 무효 소송을 제기한다면 단지 회사의 대주주 또는 경영진의 교체만으로는 정당한 퇴직 사유로 인정받기 어려울 수 있다. 때때로 구 경영진 또는 기존 대주주가 회사 또는 일부 사업부문을 매각하고 다른 사업을 진행하거나 기존의 주력사업에 집중하려고 할 경우 대상회사에서 퇴직한 핵심보직자를 데리고 가는 경우도 있는데, 이러한 경우에는 퇴직의 정당성과 관련하여 크게 잡음이 날 우려가 없을 것이다.

위에서 본 바와 같이 M&A 진행시 고용 승계는 일반적으로 당연히 전제되어 있기는 하나, 고용 승계 의무를 보다 명확히 하기 위하여 계약서에 상당한 기간 동안 기존 임직원의 근로관계를 유지한다는 내용을 기재하는 경우도 많다.

2 M&A와 관련된 노동조합 이슈

M&A는 회사의 동일성을 유지한 채 그 대주주 또는 경영진만 변경되는 것이므로 위에서 본 바와 같이 원칙적으로 근로관계가 그대로 유지되며, 따라서 노동조합에서 문제를 제기할 이유가 없다.

그러나, 실제 사례에서는 강성노조의 경우 여러 가지 협상 조건을 제시하면서 새로운 대주주 또는 경영진의 회사 인수를 거부하고 쟁의행위를 하는 한편, 심지어는 실사절차까지 방해하면서 거래에 지장을 초래하는 경우가 있다. 실제로 2008년경 진행된 한화컨소시엄의 대우

조선해양 인수 절차는 노조의 실사 방해로 거래가 무산되기도 하였다. 다만, 이 사례와 관련된 판례[15)]에서는 매도인 뿐 아니라 매수인도 노조와의 협상 주체로서 성실한 협상을 통해 원만한 실사를 진행하려고 노력하였어야 하며, 따라서 계약 해지와 관련된 책임이 인정된다는 이유로 매수인이 납부한 이행보증금의 몰취를 인정하였다.[16)] 그러므로 M&A의 성공을 위해서는 법적인 정당성을 떠나 피인수기업의 노조와 원만한 관계를 유지하기 위해 노력해야 한다.

한편, 노조에서 M&A 보너스 지급을 요구하면서 새로운 대주주 또는 경영진과 협상을 하는 경우도 있는데, 사안에 따라 다르지만 이러한 노조의 요구에 부응하거나 때로는 경영진 교체에 따른 사기 진작을 위하여 매수인이 자신의 자금 또는 피인수기업의 자금으로 임직원에게 M&A 보너스를 지급하기도 한다. 매우 드문 사례이기는 하지만, 구주매매에 따른 차익이 많은 경우 M&A 보너스 지급의 부담을 새로운 경영진에게 부담시키지 않고 구 경영진 또는 기존 대주주가 그 차익의 일부를 그동안 수고한 임직원에 보너스 내지 위로금 형식으로 지급하는 경우도 있다.

15) 서울중앙지방법원 2011. 2. 10. 선고 2009가합132342 판결, 항소심 서울고등법원 2012. 6. 14. 선고 2011나26010 판결

16) 다만, 이 사건의 상고심인 대법원 2016. 7. 14. 선고 2012다65973 판결에서는 이행보증금 몰취를 인정하기는 하였으나, 이행보증금은 손해배상액 예정의 성격을 보유하므로 이행보증금 전액을 손해로 인정하기는 어렵고 손해액을 별도로 판단하라는 취지로 파기환송하였다. 그 이후 파기환송심인 서울고등법원 2018. 1. 11. 선고 2016나10959 판결에서는 매도인에게 이행보증금의 약 40% 상당금액을 반환하라고 하였고 이것으로 이 사건이 최종적으로 정리되었다.

6 M&A와 공정거래법상 기업결합 신고

1 기업결합 신고의 목적

기업결합 신고 제도는 둘 이상의 기업이 M&A 내지 기업결합을 통해서 동일한 의사결정의 주체가 되면 시장집중을 초래하고 그로부터 경쟁을 실질적으로 제한하게 될 수 있으므로 이를 방지하려는 것이 그 목적이다. 이와 관련해서는 공정거래법 및 그 하위규정에서 구체적인 요건과 절차를 정하고 있고, 우리나라에서는 공정거래위원회가 그 심사와 감독을 담당한다.

시장집중 및 경쟁의 실질적 제한이라는 표현이 다소 딱딱하기는 하지만, 이는 일반인들이 통상 이야기하는 독과점의 폐해를 의미한다. 예컨대, 특정 산업에서 시장점유율이 높은 몇 몇 기업이 M&A를 통해 압도적인 독점체제를 형성하여 실질적인 경쟁사업자가 사라진다면,

소비자는 다른 경쟁기업의 대안이 없어서 해당 기업이 결정하는 가격과 서비스에 끌려 다닐 수밖에 없게 되며, 이는 소비자의 이익(법적으로는 '소비자 후생'[17]이라고 한다)을 심각하게 침해하는 상황을 초래할 수 있으므로 EU, 영국, 미국 등 각 나라의 경쟁당국에서는 유사한 기준에 따라 이러한 기업결합을 규제하고 있다.

공정거래법에서는 최초에 해당 재화 및 서비스를 도입함으로써 자연적으로 독과점을 형성하게 된 경우에도 '시장지배적 지위 남용 금지'라는 방법으로 그러한 사업자의 횡포를 규제하고 있는데, 기업결합을 통하여 인위적으로 독과점을 형성하는 것은 위에서 본 것처럼 소비자 후생을 침해할 가능성이 매우 높기 때문에 이를 규제할 필요성이 더욱 큰 것이다.

2 기업결합 신고가 필요한 경우

공정거래법 제11조 제1항에서는, '① 다른 회사 발행주식 총수의 20%(상장법인은 15%) 이상을 소유하게 되는 경우, ② 다른 회사 발행주식 총수의 20%(상장법인은 15%) 이상을 이미 소유한 자가 당해 회사의 주식을 추가 취득하여 최다출자자가 되는 경우, ③ 대규모회사의 임직원이 다른 회사의 등기임원이 되는 경우(임원 겸임), ④ 다른

17) '소비자 후생'이라는 표현은 일본식 표현으로서 '특정 상품에 대한 지불 의향 가격, 즉 소비자가 최대한 지불해도 좋다고 생각하는 가격과 실제로 지불하는 시장 가격의 차이'를 의미하는 강학상 용어인데, 굳이 소비자의 '이익'이라는 표현 이외에 이러한 개념을 사용할 필요가 있는지 다소 의문이기는 하나, 광범위하게 사용되는 '이익'이라는 개념 중에서 '가성비'와 유사한 범주에 한정되어 사용된다는 차이가 있는 것으로 보인다.

회사와의 합병 또는 영업을 양수하는 경우, ⑤ 새로운 회사의 설립에 참여해 그 회사의 최다출자자가 되는 경우'에 기업결합 신고의무를 부과하고 있다.

이 때 신고의무가 있는 회사는 자산총액 또는 매출액의 규모가 3,000억원 이상이어야 하고(시행령 제18조 제1항), 상대회사(피인수기업)는 자산총액 또는 매출액이 300억원 이상이어야 한다(시행령 제18조 제2항). 즉, 이러한 규모에 이르지 못하는 기업결합 내지 M&A의 경우에는 원칙적으로 기업결합 신고의무가 없다. 그것은 시장에서 이루어지는 엄청나게 많은 중소규모의 M&A를 공정거래위원회가 일일이 심사하여 그 당부를 판단해야 한다면 담당 공무원에게 지나치게 많은 업무 부하가 걸릴 수 있기 때문이기도 하지만, 어느 정도 규모에 이르지 못하는 기업결합의 경우에는 시장 전체에서 차지하는 영향력이 미미하다는 고려 하에 심사 대상에서 제외한 것으로 보인다.

다만, 공정거래법 제11조 제2항 및 시행령 제19조에서는 신고대상회사의 자산총액 또는 매출액 규모가 위 기준에 이르지 못하더라도 법에 정한 기업결합에 해당하는 행위를 하는 경우(임원 겸임 제외) ① 기업결합의 대가로 지급 또는 출자하는 가치의 총액이 6,000억원 이상이고, ② 타방회사 또는 그 특수관계인이 국내에서 대통령령으로 정하는 상당한 수준으로 활동하는 경우[18]에는 신고의무를 부과하고 있다.

---

18) 시행령 제19조에서 정하는 '상당한 수준으로 활동하는 경우'에 대한 기준은 다음과 같다.

1. 기업결합일이 속하는 월을 기준으로 직전 3년간 국내 시장에서 월 100만 명 이상을 대상으로 상품 또는 용역을 판매 · 제공한 적이 있는 경우
2. 기업결합일이 속하는 사업연도를 기준으로 직전 3년간 국내 연구시설 또는 연구인력을 계속 보유 · 활용해 왔고, 국내 연구시설 · 연구인력 또는 국내 연구활동 등에 대한 연간 지출액이 300억원 이상인 적이 있었던 경우

이는 단순히 자산이나 매출 기준으로 심사 대상을 한정하여 실질적으로 시장에 큰 영향을 미치는 거래에 대한 심사가 누락되는 것을 방지하기 위한 것으로 보인다.

기업결합 신고가 필요한 경우에도 신고 시기가 사전인지 사후인지는 경우에 따라 다른데, 공정거래위원회에서 2019년 배포한 '기업결합 신고 가이드북'에서는, 사안에 따른 신고의 시기를 표로 정리하였으며 그 내용은 아래와 같다.

[표] 공정거래법상 기업결합 신고 시점

<table>
<tr><th>구분</th><th>당사회사</th><th>기업결합 유형</th><th>신고시기</th></tr>
<tr><td rowspan="4">사전 신고</td><td rowspan="4">대규모회사</td><td>주식취득</td><td rowspan="3">계약일 등 이후 기업결합일 이전</td></tr>
<tr><td>합병</td></tr>
<tr><td>영업양수</td></tr>
<tr><td>회사신설 참여</td><td>주총(이사회) 의결일 이후
주식대금납입기일까지</td></tr>
<tr><td rowspan="5">사후 신고</td><td rowspan="4">대규모회사 외의 자</td><td>주식취득</td><td>주권교부일 등으로부터 30일 이내</td></tr>
<tr><td>합병</td><td>합병등기일로부터 30일 이내</td></tr>
<tr><td>영업양수</td><td>영업양수대금 지불완료일로부터 30일 이내</td></tr>
<tr><td>회사신설 참여</td><td>주식대금납입기일 다음날로부터 30일 이내</td></tr>
<tr><td>대규모회사</td><td>임원겸임</td><td>겸임되는 회사의 주주(사원)총회에서 선임이
의결된 날로부터 30일 이내</td></tr>
</table>

이에 따르면, 일반적으로 기업결합 신고는 기업결합일(이행 완료일)로부터 30일 이내에 진행하는 것이 원칙이나, 기업결합 당사자 회사 중 일방이 매출 또는 자산총액 5조원 이상인 대규모법인인 경우에

3. 그 밖에 이에 준하는 경우로서 기업결합의 신고에 필요하다고 공정거래위원회가 정하여 고시하는 경우

는 우리나라 전체 경제에 미칠 수 있는 영향 등을 고려하여 미리 충분한 검토를 하기 위해서 사전신고를 하도록 하고 있다. 따라서 공정거래법상 기업결합 신고가 필요한 M&A에 해당되는 것으로 판단되는 경우에는 그 시점을 준수하여 공정거래위원회에 기업결합 신고를 진행하여야 시정조치 또는 과징금 등의 제재를 피할 수 있을 것이다.

3 기업결합 승인 여부의 판단기준

기업결합의 승인 여부의 판단 기준은 공정거래위원회 고시인 '기업결합 심사기준'에서 구체적으로 정하고 있으며, 기업결합 심사를 위한 신고 절차 등은 역시 공정거래위원회 고시인 '기업결합 신고요령'에서 정하고 있는데, 따라서 이와 관련된 세부적인 기준과 절차는 공정거래위원회 사이트에서 다운로드 받을 수 있는 위 고시들을 참고하면 된다. 이하에서는 '기업결합 심사기준' 중에서 경쟁제한성 부분과 '일정한 거래분야' 부분만 간략하게 살펴 보도록 한다.

기업결합의 심사는 경쟁제한성 유무를 중심으로 이루어지고 있는데, 관련시장 내에서 단독효과(독점시장의 경우) 또는 협조효과(과점시장의 경우)를 유발하여 경쟁을 제한할 우려가 있는지 여부를 판단기준으로 한다. 공정거래위원회의 '기업결합 심사기준'에서는 시장집중도를 판단하는 기준으로 일정한 거래분야에서 각 경쟁사업자의 시장점유율의 제곱의 합인 '허핀달-허쉬만지수'(HHI, Herfindahl-Hirschman Index)를 활용하고 있다. HHI가 높을수록 시장의 집중도가 높은 것으로 보고 있으며, 특히 최근의 시장집중도가 현저히 상승하는 경향이 있는 경우에는 시장점유율이 상위인 사업자가 행하는 기업결합은 경쟁을 실질적으로 제한할 가능성이 높다고 판단하고 있다.

한편, 기업결합 심사에 있어서 선제적으로 중요한 쟁점이 되는 이슈는 바로 '관련시장의 획정'이다. 관련시장은 위 '기업결합 심사기준'에서는 '일정한 거래분야'라는 표현을 사용하고 있다. 기업결합의 대상기업의 제품 또는 서비스간에 유사성 및 대체가능성 등 긴밀한 관련성이 있어서 일정한 거래분야에서 시장집중도를 판단할 정도로 동일 또는 유사한 업종으로 판단되어야 독점이나 과점 여부를 판단할 수 있는 것이지, 소비자의 입장에서 대체가능성이나 경쟁관계가 없는 상이한 유형의 제품이나 서비스로 인식된다면 각자의 시장점유율을 기준으로 HHI를 산정하여 독과점을 판단한다는 것은 지나친 규제라고 볼 수 있기 때문이다.

따라서, 기업결합 심사를 청구하는 당사자 입장에서는 심사청구 신청서를 작성할 때 관련시장을 최대한 넓게 보아서 유사한 제품까지 포함하는 시장점유율을 산정하여 시장점유율을 축소시키려는 유인이 있는 반면, 당사자 회사들이 제공하는 제품 또는 서비스에 다소 상이한 부분이 있는 경우에는 아예 관련시장을 좁게 보아 각 당사자의 시장점유율이 다소 높아 지더라도 서로 다른 업종이기때문에 '일정한 거래분야'에 해당하지 않는다는 점을 주장하고자 하는 유인 또한 존재한다는 점을 유념할 필요가 있다.

위와 같이 여러 가지 기준을 바탕으로 기업결합에 따른 경쟁제한성을 심사하여 독과점의 폐해를 근절시키는 것은 소비자 후생 증대를 위하여 반드시 필요한 업무이기는 하나, 기업결합은 규모의 경제를 실현하여 생산비용을 절감할 수 있고, 이로 인한 시너지 효과 등으로 국민경제 전체에서의 효율성 증대효과가 발생할 수 있는 장점이 있기 때문에 이러한 효율성 증대효과가 경쟁제한으로 인한 폐해보다 큰 경우에는 예외적으로 기업결합을 허용할 필요가 있다. 이에 대하여 '기업결합 심사기준'에서는, 기업의 생산 · 판매 · 연구개발 등의 측면 및 고용증대, 지방경제발전, 연관산업의 발전 등 국민경제의 균형 있는 발전에 대한 기여 등을 종합적으로 고려해 효율성 증대효과가 우월한 경우에는 기업결합의 경쟁제한적 효과에도 불구하고 이를 허용할 수 있는 가능성을 마련하고 있다. 앞에서 살펴 본 사례에서 현대차의 기아차 인수 승인, SK텔레콤의 신세기통신에 대한 M&A의 조건부 승인, 대한항공의 아시아나항공 인수에 대한 조건부 승인 등 실질적으로 국내시장에서 거의 완전한 독점기업이 형성되는 기업결합에 대하여 공정거래위원회가 승인을 하게 된 배경에는 이와 같은 효율성 증대효과에 대한 고려가 있었던 것으로 보인다.

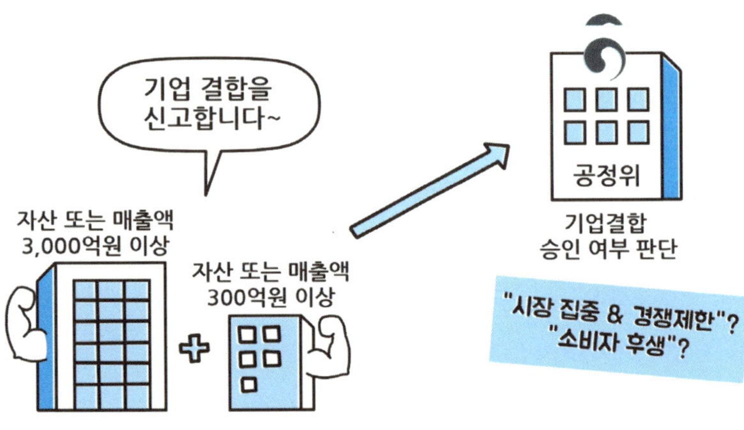

7 M&A 계약에 있어서 진술과 보증

1 진술과 보증 조항의 의미 및 목적

진술과 보증이라 함은, 영미 계약법상 "Representations and Warran-ties"를 번역한 표현인데, '계약의 당사자가 특정한 사실을 진술하고 이 사실이 맞다는 것을 보증한다'는 의미이다.

앞에서 살펴 본 바와 같이 법무실사와 회계실사를 통하여 회사가 제공한 자료를 바탕으로 회사의 실제 현황을 어느 정도 파악할 수 있기는 하지만, 실제로 회사가 보유한 자료를 모두 제공한 것인지 또는 그러한 자료가 사실에 부합하는지 여부, 실사 진행시 수행한 인터뷰 내용이 사실에 부합하는지 여부, 실사자료에 드러나지 않는 기타 여러 가지 사항들은 실사 절차를 통하여 확인하기가 현실적으로 불가능하다.

그리하여 위와 같이 일방 당사자가 실사절차를 통하여 또는 실사와 관계 없이 거래를 위하여 상대방에게 확인하고 싶은 여러 가지 중요한 사항을 기재하도록 하고 그 사실이 맞다는 것을 확약하도록 하기 위하여 진술과 보증 조항이 M&A계약을 비롯한 여러 형태의 계약에 널리 활용되고 있다.

2 진술과 보증 조항의 내용

진술과 보증 조항은 각 당사자가 자신과 관련된 사항을 진술하고 이를 보증하는 것이므로 원칙적으로 매수인과 매도인에게 균등하게 적용된다. 그러나, 실제로 매수인은 자신이 본 거래를 위한 자격과 자금조달 능력을 보유하고 있고, 매수인이 법인일 경우 내부적인 승인을 완료했다는 점 등 이외에는 특별히 진술하고 보증할 내용이 별로 없다. 그러므로 현실적으로 진술과 보증 조항의 대부분은 매도인과 대상회사에 대한 내용이 차지하고 있다.

매도인에 대한 진술과 보증은 구주매매에 의한 방식에서 문제되는데, 매도인이 개인일 경우 주식을 적법하게 소유하고 있다는 점과 본 주식을 처분하는 데에 다른 계약이나 법령상에 제약이 없다는 점 등을 진술하고 보증하면 된다. 매도인이 법인일 경우에는 해당 주식을 처분하기 위한 이사회 승인 등 필요한 내부절차를 완료했다는 점 등을 추가로 진술하고 보증해야 할 것이다.

대상회사에 대한 진술과 보증은 구주매매 방식과 신주인수 방식, 영업양수도 방식에서 모두 필요하며, 가장 중요하기 때문에 대다수의 진술과 보증 조항이 이 부분에 집중되어 있다. 신주인수 방식의 경우는 대상회사가 신주발행회사이므로 발행회사에 관한 진술과 보증으로 표현되기도 한다. 대상회사에 대한 진술과 보증은 구주매매 방식과 영업양수도 방식에서는 매도인이, 신주인수방식에서는 발행회사가 하는 것인데 전자에서는 보증의 주체와 보증의 대상이 다르다는 점에 특이점이 있다. 다만, 신주인수방식에 있어서도 통상 신주인수의 이행을 확보하기 위하여 대상회사의 기존 대주주가 당사자로 포함되는 경우가 많으며, 이 때 진술과 보증의 주체 역시 기존 대주주가 포함된다.

대상회사에 대한 진술과 보증 중에서는 법인 설립의 적법성, 해당 거래의 자격 및 능력 보유, 내부절차 이행 등 관행적으로 표시되는 형식적인 조항들도 있으나, 해당 거래가 법규나 다른 계약에 저촉되지 않는지 등의 실질적인 조항들도 상당히 있다.

대상회사에 대한 진술과 보증에서 주로 핵심이 되는 내용은 실사자료로 제공된 내용들(주주총회 · 이사회 의사록 등 내부 의사결정 자료, 재무제표 등 회계자료, 각종 인허가 자료, 부동산 등기부 등 자산과 관련된 자료, 각종 계약서 자료, 소송 관련 자료, 지적재산권 관련 자료, 근로관계 관련 자료 등)이 사실에 부합하고 제공되지 않은 자료가 없으며, 대상회사의 업무와 관련하여 관계기관의 행정처분 등의 통지를 받은 사실이 없다는 점 등이다.

그런데 진술과 보증 조항에서 당사자간에 가장 첨예하게 의견이 대립되는 부분은, '대상회사가 법령을 위하지 않았다'는 부분과 '대상회사의 지적재산권이 무효가 아니고 다른 제3자의 지적재산권을 침해하지 않는다'는 부분이다. 왜냐하면, 사업을 하면서 회사가 복잡하고 다양한 모든 규정을 알게 모르게 하나도 위반하지 않았다는 것을 보증하기는 현실적으로 어려우며, 특허권 등 지적재산권은 현실적으로 무효소송이 제기되면 무효가 되는 경우가 적지 않고 그것이 제3자의 지적재산권을 침해하지 않는다는 장담을 하기도 쉽지 않은 문제이기 때문이다. 이러한 문제에 대한 해결은 이하에서 설명하는 절충 방안을 활용하는 것이 일반적이다.

3 진술과 보증 의무의 절충 방안

앞에서 살펴 본 바와 같이 대상회사가 법령 위반 사실이 전혀 없다거나, 지적재산권이 완전하여 무효의 가능성이 없고 제3자의 지적재산권을 침해하지 않는다는 내용 등은 매도인이 보증하기에 상당히 부담스러운 사항인데, 그렇다고 하여 매수인의 입장에서도 법령상으로나 지적재산권상으로 하자가 없다는 것이 보증되지 않은 대상회사를 인수하는 것이 심리적으로 불편할 수 있다.

그리하여 통상적으로 이러한 부담을 줄이기 위하여, ① 법령위반의 가능성이 있거나 관련하여 조사를 받고 있는 내용, 소송 진행 중이거나 내용증명 우편 수신 등으로 분쟁이 제기될 가능성이 있는 내용 등을 별도 목록으로 표시하여 그 부분을 제외하고 진술과 보증을 하는 방법(공개목록 작성 방법), ② '계약 체결일 또는 계약 이행일 현재 매도인이 알고 있는 한' 법령위반 또는 지적재산권 침해 사실이 없다는 식의 매도인의 인식 여부의 조건을 부기하는 방법(매도인의 인식 제한 방법), ③ '회사의 경영이나 재무상황에 중대한 영향을 초래하는(특정한 금액 범위 등 명시)' 법령위반 또는 지적재산권 침해 사실이 없다는 식의 조건을 부기하는 방법(중대성 조건 제한 방법) 등을 활용하여 매도인의 진술과 보증 의무를 경감시키는 절충을 시도한다.

다만, 위 방법 중 매도인 인식 제한 방법은 매수인의 입장에서 볼 때, 매도인이 몰랐다고 하더라도 그러한 리스크를 자신이 부담하는 것이 부당하다고 생각될 수 있으므로 어느 당사자의 협상력이 우월한지에 따라 해당 조건의 수용 여부가 정해지는 경우가 많다. 또한 중대성 조건 제한 방법에 있어 중대한 영향에 해당하는 금액 범위에 관하여도 당사자간에 이견이 생기는 경우가 있을 수 있다. 다만, 위 방법 중 공개목록 작성 방법은 당사자의 협상력과 무관하게 널리 활용되고 있는 방법이다.

4 진술과 보증 조항 위반의 효과

진술과 보증 조항 위반의 효과는 대부분 그 위반 내용에 상응하는 손해배상 규정을 별도의 조항으로 두어 해결하는 것이 일반적이다. 실사 자료로 제공하고 그 내용의 정확성에 대하여 진술과 보증한 재무상황이 사실과 다른 경우 그 차액만큼의 대금을 반환해 준다든지, 대상회사의 자산으로 진술한 특정 부동산의 소유권이 인정되지 않는 경우 해당 금액 가치만큼의 대금을 반환해 준다든지, 미리 공개하지 않은 소송에서 패소하여 매수인이 배상을 하게 된 경우 해당 금액 만큼의 손해를 전보해 주는 것 등이다.

그러나 내용에 따라서는 진술과 보증 내용이 계약 효력발생의 선행조건이 되어 그러한 조건이 충족되지 않는 경우 계약의 효력 발생 자체가 저지되는 경우도 있는데(예컨대 이사회 또는 주주총회 등에서 해당 거래의 승인이 부결되는 등 내부절차가 이행되지 않은 경우) 이 경우에는 손해배상만으로 그 위반이 해결되지 않고 계약의 해제로 나아갈 수 있다.

경우에 따라서는 진술과 보증 위반에 따른 손해배상을 미리 정액의 위약금 형식으로 정하는 경우도 있는데, 그 지급과 관련된 분쟁이 제기될 경우 해당 위약금이 위약벌이 아니라 손해배상의 예정이라는 이유로 법원에서 실제 손해액의 범위로 감경되거나 증액될 가능성도 있다.

또한, 특정 진술과 보증 조항의 경우에는 해당 조항 위반시 그 파급력이 너무 커서 손해배상만으로 문제가 해결되지 않고 계약 전체의 해제사유가 되는 경우도 있는데, 이 경우에는 계약 전체의 해제사유로 인정될 수 있을지 여부에 대하여 추후 분쟁의 원인이 될 수 있다.

8 M&A와 관련된 기타 계약상의 검토 사항

1 계약 체결일부터 종결일 사이의 경과조항

구주매매, 신주인수 또는 영업양수도 방식에 의한 M&A 계약 체결시 총 매매대금, 신주인수대금 또는 양수도대금의 10% 정도의 계약금을 납입하고[19], 잔금은 모든 선행조건이 충족되고 권리의 이전에 아무런 장애가 없을 때를 종결일로 정하여 납입하도록 하는 것이 일반적이다.

그런데, 계약 체결 이전에 회사에 대한 실사가 마무리되고 그 이후에는 따로 실사를 진행하거나 회사의 업무 진행 상황에 대하여 매수인이 개입하기 어렵기 때문에 계약 체결 이후 잔금 지급시까지 회사에서

---

19) 경우에 따라서는 계약금 비율을 다르게 정할 수도 있으며, MOU 체결시 지급한 이행보증금을 계약금으로 갈음할 수도 있다.

임직원에 대한 대량의 보너스 지급 등 합의되지 않은 회사의 자금이 유출되거나 자산의 이전 등 회사의 상황이 변경되는 것을 방지할 필요가 있다.

따라서, 계약 체결일부터 종결일(잔금 지급 및 경영권 이전 시기) 사이에 대상회사의 회계담당 부서, 인사담당 부서 등 주요 보직에 매수인측이 지정한 인수단이 파견되어 회사의 상황을 통제하도록 하는 경과 조항을 두는 경우가 많다.

2 계약의 해제사유

진술과 보증 위반의 효과로 인한 손해 배상 등 조항을 별도로 두는 것은 위 진술과 보증 조항과 관련된 설명 부분에서 살펴 본 바와 같다. 원칙적으로 그러한 조항에 따른 손해만 배상하면 계약의 효력은 그대로 유지되는 것이기는 하지만, 위에서 살펴 본 바와 같이 그 위반의 정도와 파급력이 너무 커서 계약의 효력을 그대로 유지하기가 어려운 경우에는 진술과 보증 위반의 경우도 해제 사유로 별도로 인정될 수 있다.

진술과 보증 위반 이외에도 매수인이 잔금 지급의무를 제대로 이행하지 않는 경우라든가, 실사 결과 도저히 치유가 불가능한 위법사실이나 회계부정 사실 등을 발견하여 매수인이 그러한 리스크를 떠안기가 너무 위험하다고 판단하는 경우, 공정거래위원회의 기업결합 승인 거절 등 해제 사유를 별도로 정하여 계약을 해제하고 계약에 따른 의무를 해소하도록 할 수 있다.

계약의 해제 사유가 일방의 귀책에 의한 것이라면 계약의 해제로 인하여 계약에 따른 당사자들의 의무가 해소되는 것 이외에 그에 대한 책임이 있는 당사자의 상대방에 대한 손해배상 책임은 면제되지 않는 것이 일반적이다.

3 비밀유지 조항

통상적으로 실사를 진행하기 전에 실사시에 매수인이 알게 된 회사의 정보와 관련된 비밀유지계약(CA, NDA)을 따로 체결하기는 하나, 경영권 인수를 동반하는 M&A의 본계약에서도 비밀유지 조항을 별도로 두어 실사 절차에서 알게 된 정보는 물론, 이러한 계약 체결 사실 및 상대방 당사자에 대한 정보, 실제 거래 대금이 얼마인지 등 계약의 주요 내용에 대한 비밀을 유지하도록 하는 경우가 많다.

다만, 통상적으로 이러한 비밀유지조항에는 불가피하게 이러한 주요 정보를 공개해야 할 사정이 있는 경우 등 여러 가지 예외 사항을 정해 두고 있는데, 당사자의 귀책에 의하지 않고 비밀 내용이 공개된 경우, 법원이나 정부기관의 명령에 의하여 비밀사항을 공개해야 하는 경우 등이 그 예시이다.

그런데 최근 대기업이 중소기업에 대한 M&A를 진행하였다가 인수를 포기한 이후 대상회사의 사업 아이디어를 도용하여 신제품 또는 신사업을 진행하는 기술탈취가 문제된 사례가 발생하고 있는데, 이러한 상황을 방지하기 위하여 대상회사 측에서는 매수인이 자신의 사업 아이디어 도용으로 인정될 수 있는 제품 또는 서비스를 출시하는 경우에도 비밀유지의무 위반으로 폭넓게 인정하고 그에 대한 강력한 패널티를 부여하는 조항을 기재하는 것이 보다 안전할 것으로 보인다.

4 분쟁해결 조항

M&A 계약 조항의 해석과 관련하여 양 당사자간에 의견이 일치하지 않는 경우, 일방 당사자의 계약 위반 여부 및 이행 여부 등과 관련하여 양 당사자간에 분쟁이 발생한 경우를 대비하여 어떠한 방법으로 누구의 판단에 따라 분쟁을 해결할 것인지를 미리 정하는 분쟁해결 조항은 반드시 필요하다.

매수인 또는 매도인이 외국인인 경우와 같이 국제적인 M&A 계약의 경우는 영문으로 계약이 체결되는 경우가 많고, 준거법도 특정한 국가의 법으로 따로 정하면서[20] 통상 일방 국가의 법원에서 분쟁을 해결하기보다는 국제중재기관(ICC, AAA, LCIA, SIAC, HKIAC, KCAB 등)을 통하여 해결하는 경우가 대부분인데 이는 양 당사자에게

20) 피인수기업의 관할지역의 법을 준거법으로 하는 경우가 일반적이나, 경우에 따라서는 협상력이 큰 당사자 국가의 법 또는 전혀 새로운 제3국의 법을 준거법(Governing Law)으로 정하는 경우도 있다.

보다 중립적인 기관에 의한 분쟁 해결을 원하기 때문이다.

그러나 본서에서는 국문으로 체결되는 국내 M&A 계약을 중심으로 살펴 보고 있으므로 이에 한정하여 보자면, 준거법은 당연히 국내법이 될 것이므로 생략되는 경우도 있고, 분쟁해결 기관은 기본적으로 보다 협상력이 높은 당사자의 주소지 관할 법원 또는 거래목적인 대상회사의 주소지 관할 법원을 전속적 합의관할 법원으로 하여 그 판단에 따라 분쟁을 해결하도록 하거나, 아예 주소지 관할법원과 무관하게 분야별 전담재판부가 세부적으로 구성되어 전문성이 높은 것으로 알려진 서울중앙지방법원을 전속적 합의관할 법원으로 지정하기도 한다.

최근에는, 코로나 19 이후 법원에 의한 재판이 지나치게 길어져서 분쟁 해결의 효율성이 떨어지고 이전의 재판에 비하여 그 결과의 예측가능성이 낮아졌다는 비판이 제기되고 있는 상황이기 때문에, 근래에 우수한 중재인들을 대거 영입하여 당사자들의 중재인 선택의 폭이 넓어지고 중재판정 결과 또한 당사자가 납득할 수 있는 방향으로 도출되는 한편, 3심제가 아닌 단심제로서 신속한 분쟁해결이 가능한 대한상사중재원(KCAB)의 중재에 따른 분쟁 해결을 합의하는 경우도 나타나고 있다.

5 소수지분 투자에 있어서 동의권 조항

한편, 시각을 달리하여 경영권의 인수를 동반하지 않는 광의의 M&A로서 소수지분투자와 관련된 내용을 살펴 보자면, 기관투자자나 일반투자자, 또는 피투자기업이 벤처기업인 경우의 벤처캐피탈 등이 기존 대주주의 경영권을 침해하지 않는 범위에서 약 10% 내지 20%

내외의 대상회사 지분을 인수하면서 자신의 지분권 보호를 위하여 새로운 신주의 발행이나 상당한 신규 자금의 투입, 중요 자산의 처분 등 여러 가지 회사의 경영사항에 대하여 투자자의 동의를 얻도록 하는 동의권 조항을 두는 경우가 많다.

이러한 동의권에 해당되는 사항은 대부분 대주주의 경영판단과 관련된 것으로서 소수주주가 자신의 지분 범위 내에서 주장할 수 있는 권한을 초과하는 것이기 때문에 이러한 조항이 유효한 것인지 여부에 대하여 지속적으로 논란이 있어 왔는데, 2023. 7.경 선고된 대법원 판결[21)]에서는 이러한 동의권 조항이 주주평등의 원칙상 무효라는 원심 판결[22)]을 뒤집고 그러한 차등적 취급에 정당한 원인이 있을 때에는 유효한 것으로 볼 수 있다고 판단하였다.

그러나 위 대법원 판결에서는 항상 이러한 동의권 조항이 유효라고 본 것은 아니고 해당 투자자를 특별하게 취급하는 것에 정당한 원인이 있을 때에만 유효라고 판단한 것이므로, 투자자의 입장에서는 자신의 사안이 정당한 원인으로 판단될 수 있는지 여부를 이 분야에 정통한 변호사의 자문을 받아 투자계약 체결을 진행하는 것이 현명할 것이다.

---

21) 대법원 2023. 7. 13. 선고 2021다293231 판결

22) 서울고등법원 2021. 10. 28. 선고 2020나2049059 판결

9 경업금지약정의 문제

상법 제41조에서는 영업양도인의 경업금지의무를 규정하고 있는데, 제1항에서는 "영업을 양도한 경우에 다른 약정이 없으면 양도인은 10년간 동일한 특별시 · 광역시 · 시 · 군과 인접 특별시 · 광역시 · 시 · 군에서 동종영업을 하지 못한다."고 정하고 있고, 제2항에서는 "양도인이 동종영업을 하지 아니할 것을 약정한 때에는 동일한 특별시 · 광역시 · 시 · 군과 인접 특별시 · 광역시 · 시 · 군에 한하여 20년을 초과하지 아니한 범위내에서 그 효력이 있다."고 정하고 있다.

위 상법 제41조 제1항은 특별한 약정이 없을 경우에도 영업양도인에게 인접 지역에서 10년간의 경업금지의무를 정한 것이고, 제2항은 10년을 초과하는 경업금지의무를 약정할 경우에도 직업선택의 자유

원칙상 20년을 초과하지 않는 범위에서만 효력이 인정된다는 내용을 정한 것이다.

위와 같이 상법에서는 영업양도의 경우 양도인의 경업금지의무 즉, '경쟁이 되는 동종영업을 하지 않을 의무'를 정하고 있으나, 영업양수도의 방법이 아닌 구주매매 또는 신주인수 방식의 M&A를 하는 경우에도 대주주의 지위 양도를 통하여 사실상 사업을 양도하는 것이므로 동일하게 경업금지의무를 정할 필요가 있다.

왜냐하면, 매도인이 주식매매 등의 방법으로 회사의 경영권을 매수인에게 이전하여 주고 난 다음에도 사업 관련 노하우나 영업비밀, 고객과의 긴밀한 네트워크 등 무형적 자산은 그대로 보유하고 있기 때문에 이를 활용해서 동종 영업을 다시금 진행하여 추가적인 사업이익을 확보하고자 하는 유인이 있을 수 있는데, 그렇게 되면 매수인의 입장에서는 상당한 대가를 지급하고 회사의 경영권을 인수하였음에도 다시 매도인과 경쟁을 해야 하는 상황이 발생하여 M&A에 따른 경제적인 이익을 제대로 누릴 수 없게 되기 때문이다.

따라서, 다양한 형태의 M&A 계약에서는 매도인에게 상당한 기간 동안 동종 영업을 영위하거나 다른 경쟁회사에 취업하는 등 경업행위를 하지 않을 의무를 부과하는 조항을 두고 있으며, 이를 위반하는 경우에 상당히 많은 금액의 위약금을 지급하도록 하는 등 매우 부담스러운 패널티를 정하는 경우가 많다.

10 주주간 계약의 문제

1 주주간 계약을 체결해야 하는 상황

M&A를 위하여 매수인이 구주를 매수하거나 신주를 인수하는 경우, 기존 경영진의 계속적인 경영참여로 인한 노하우 전수 등 효율적인 업무의 인수인계, 지속적인 기존 거래처 네트워크 유지를 위한 연속성 확보 또는 매도인의 경업 욕구 제한 등의 목적으로 기존 대주주의 지분을 완전히 소멸시키지 않고 경영권을 행사하기 불가능한 정도의 범위에서 일정 비율의 지분을 매도인에게 계속 보유하도록 하는 경우가 있다.

또한, 전략적 투자자(SI)가 재무적 투자자(FI)와 컨소시엄을 구성하여 대상회사를 인수한 경우 FI와 SI는 일정 기간 동안 별개의 주주로서 각자 주식을 보유하게 된다.

이와 같은 경우 경영권을 새롭게 인수한 매수인 또는 그 특수관계인 등 측근 이외에도 이해관계가 상이한 다른 주주들이 대상회사의 주식을 함께 보유하는 상황이 발생하는데, 이러한 상황에서 일부 주주가 자유롭게 자신의 지분을 처분하도록 방치하는 경우에는 적대적이거나 경쟁적인 사업자가 새로운 주주로 유입되는 상황이 발생할 수 있다.

대상회사가 공개시장에 상장된 법인이라면 적대적 세력이 자본의 논리에 따라 주식을 매집하는 것을 막을 방법이 없으나, 비상장 법인인 경우 주주들간의 유대와 우호적인 관계를 지속하고 적대적 세력에 의한 경영권 침탈이나 영업비밀 침해 등으로부터 회사를 보호하기 위하여 상호간 어느 정도의 처분 제한을 두어 그 폐쇄성을 유지할 필요가 있다.

따라서 주주 구성의 폐쇄성 유지, 상호 우호적인 의결권 행사 합의 등을 위한 목적으로 주주간 계약을 체결하는 경우가 있는데, 주로 어떠한 방법으로 폐쇄성을 유지하는지 이하에서 살펴 보기로 한다.

2 주주간 계약의 주요 합의사항

앞에서 살펴 본 바와 같이 일반적인 주주간 계약에서는 주주총회 특별결의 등의 정족수를 확보하기 위하여 우호적인 의결권 행사 등을 합의하기도 한다. 그러나, 여기서 살펴 보는 주주간 계약의 상황은 M&A를 통하여 매수인이 압도적인 다수의 의결권을 보유하게 되어 경영상 의사결정을 위한 의결권 행사에는 다른 주주의 도움이 크게 요구되지 않는 상황을 전제로 하고 있으므로, 이하에서는 주로 주주 구성의 폐쇄성을 유지하기 위한 방법으로 어떠한 합의가 활용되는지를 위

주로 살펴 보기로 하겠다.

1) 일정 기간의 양도 제한 조항(Lock-Up Clause)

주주간 계약에서는 회사가 안정적으로 정착하는 일정 기간 동안 주주 관계의 폐쇄성을 유지하기 위해서 상호간 자신들의 주식을 제3자에게 매각하지 못하도록 하는 경우가 많다. 이 경우 주식을 제3자에게 매각하지 못하게 함은 물론 주식을 담보로 제공하는 것도 함께 금지하는 경우(이른바 Lock-Up 조항, 자물쇠로 잠근다는 의미이다)가 많은데, 이는 만일 특정 채권자에게 주식을 담보로 제공하였다가 채무 상환이 제대로 이루어지지 아니하면 담보권 실행으로 인하여 당사자의 의사와 무관하게 해당 주식의 경매에 참여하여 낙찰 받은 제3가 새로운 주주가 되는 상황이 발생할 수 있기 때문이다.

주식이 공개시장에 상장되지 아니하여 소수의 주주들로 구성된 폐쇄회사의 경우에는 회사의 안정적인 운영을 위하여 주주간의 우호적인

협력이 매우 중요하다. 그러한 협력을 기대하기 어려운 제3자가 주주의 구성원으로 합류하게 되면 회사 운영의 일관성을 유지하기가 힘들뿐 아니라 주주간의 이견으로 인한 갈등이 발생하는 경우 회사가 방향성을 상실하여 영업 실적에도 악영향을 미칠 수 있다.

이처럼 우호 관계를 형성하기 어려운 제3자의 주주 합류를 방지하기 위하여 일정 기간 동안의 양도 제한 조항은 상당히 효율적인 방안이며, 다만 우호적인 주주로 분류할 수 있는 특정 주주의 계열사 내지 동일 기업집단 내의 기업 또는 그 특수관계인에 대한 양도는 양도 제한 기간 중에도 예외적으로 양도를 허용하는 것이 대부분이다.

그러나, 사전에 약정한 일정한 양도 제한기간이 경과되었다고 하여 누구에게나 자신의 주식을 매각할 수 있도록 하는 경우 여전히 비우호적인 주주 합류의 위험성을 내포하고 있으므로, 이하에 살펴 보는 바와 같이 양도기간 경과 후에도 기존의 다른 주주에게 우선매수권 또는 우선청약권을 부여하도록 하는 것이 일반적이다.

2) 우선매수권 또는 우선청약권 조항 (Right of First Refusal, Right of First Offer Clause)

위에서 살펴 본 바와 같이 락업 기간이 경과하여 주식을 제3자에게 매각할 수 있는 상황이 되었거나, 아예 양도 제한기간을 설정하지 않는 경우에도 기존 주주가 다른 주주가 매각하려고 하는 주식을 우선적으로 매수할 수 있는 우선매수권 또는 우선청약권 조항을 두는 방법으로 주주 구성의 폐쇄성을 유지할 수 있는 가능성을 열어 두는 경우가 많다.

'우선매수권(Right of First Refusal) 조항'과 '우선청약권(Right of

First Offer) 조항'은 제3자보다 기존 주주의 주식 매수 권리를 우선적으로 보장한다는 점에서는 실질적으로 동일하지만, 실무적으로 협상을 진행하는 절차와 방법에는 다소 차이가 있다.

'우선매수권'은 자신의 주식을 양도하고자 하는 주주가 자신의 주식을 양수할 제3자를 물색한 이후 해당 양수 희망자가 제시한 가격 등의 조건을 다른 기존 주주에게 통지하여 기존 주주가 그 조건과 동일하거나 더 우호적인 조건으로 양수할 수 있는 우선권을 부여하는 것을 의미한다.

〈우선매수권〉

반면에 '우선청약권'은 자신의 주식을 양도하고자 하는 주주가 다른 기존 주주에게 자신의 주식을 양수해 줄 것을 요청하면 기존 주주가 자신이 양수하고자 하는 가격 등의 조건을 먼저 제시하고, 주식을 양도하려는 주주는 그 조건보다 낮은 가격 등 더 나쁜 조건으로 주식을 제3자에게 양도할 수 없도록 하는 권리를 의미한다.

협상의 절차를 살펴 보았을 때, 해당 주식을 양수할 제3자와 협상을 미리 진행할 필요가 없는 반면에 주식을 양수할 우선권이 있는 기존 주주가 양수 조건을 먼저 제안하는 부담을 갖는다는 점에서 '우선청약권'이 주식을 양도하고자 하는 주주에게 더 유리한 것으로 보이고, '우선매수권'은 다른 주주의 주식을 양수할 우선권이 있는 기존 주주가 잠재적 양수 희망자인 제3자의 가격을 먼저 살펴 보고 자신이 그 조건으로 양수할지 여부를 판단할 수 있으므로 기존 주주에게 더 유리한 것으로 보이므로, 본 조항을 협상할 때 자신이 주식의 양도인의 입장에 있게 될지 아니면 양수인의 입장에 있게 될지를 잘 고려하여 어떠한 내용으로 정할지를 정할 필요가 있다.

〈우선청약권〉

한편, 기존 주주가 다른 주주의 주식을 매수할 자력이 없을 경우 위와 같은 우선매수권 내지 우선청약권 조항에도 불구하고 자신이 원하지 않는 제3자가 주주로 합류하는 것을 저지하지 못할 위험에 처할 수 있다. 따라서 이러한 조항의 변형된 형태로 기존 주주가 자신에게 우호적인 제3자로 하여금 해당 주식을 인수하도록 양수인을 지정할 수

있게 하는 조항도 많이 활용되고 있다.

3) 동반매도참여권 조항(Tag-Along Right Clause)

동반매도참여권이란 특정 주주가 자신의 주식을 제3자에게 양도하려고 하는 경우 다른 주주가 자신의 주식도 같은 조건으로 함께 양도할 수 있도록 하는 권리이다. 이에 대한 영어 표현인 Tag-Along은 태그처럼 다른이와 함께 붙어서 따라간다는 의미이다. 이는 통상적으로 경영권을 보유하지 않은 소수주주가 대주주의 경영권을 수반하는 주식 양도시 자신의 주식도 동일한 조건으로 함께 양도할 수 있도록 하는 것인데, 기존에 우호적인 관계를 형성하였던 대주주가 변경되는 경우에는 소수주주가 자신의 지분만으로 회사에 미칠 수 있는 영향력이 더욱 미미해 지기 때문에 그러한 위험에서 탈출할 수 있는 기회를 보장하기 위하여 인정되는 권리이다.

다만, 경영권을 동반하는 대주주의 주식을 양수하고자 하는 제3자가 양수할 주식은 이미 대주주의 주식 수로 고정되어 있으므로 소수

주주는 자신의 주식을 모두 함께 동반하여 매도할 수 없으며, 해당 주식수에 대하여 대주주와 함께 비율적으로 자신의 주식을 매도할 수 있도록 하는 것이 일반적이다.

한편, 경영권을 동반하지 않는 주식의 일부 양도시에는 위에서 살펴 본 우선매수권이나 우선청약권을 보장하는 이외에 동반매도참여권을 배제하여 대주주로 하여금 자신의 일부 지분의 매각으로 유동성을 확보할 수 있도록 하는 경우도 있다.

4) 동반매각청구권 조항(Drag-Along Right Clause)

동반매각청구권이라 함은 동반매도참여권과 반대로 대주주가 자신의 주식을 제3자에게 매각할 때 소수주주의 지분도 함께 매각할 수 있는 권리를 의미한다. 이에 대한 영어 표현인 Drag-Along은 남의 것을 함께 끌고 간다는 의미이다. 이는 대주주의 경영권을 양수하려는 양수인이 대상회사의 지분 100%를 인수하기 원하고 별도의 소수주주를 남기기를 원하지 않는 경우 대주주가 그러한 양수인에게 지분 전체를 양도할 수 있는 옵션을 부여하는 권리이다.

동반매각청구권은 이와 같이 대주주의 권리로 인식되어 왔던 것이 일반적인 입장이기는 하나, 최근에는 PEF(Private Equity Fund) 등 소수지분 투자자가 자신의 투자자금 회수를 위하여 동반매각청구권을 투자계약 조항에 삽입하여 대주주의 지분까지 함께 제3자에게 매각할 수 있는 기회를 요구하는 경우가 늘어나고 있다는 점을 주의할 필요가 있다.

3 주주간 계약 위반시의 패널티

위에서 살펴 본 바와 같이 주주간 계약에서는 상호 우호적인 주주 구성의 폐쇄성을 유지하기 위한 여러 가지 장치들을 마련하는 경우가 많은데, 위에서 살펴 본 양도제한 기간의 설정, 우선매수권 또는 우선청약권, 동반매도참여권 및 동반매각청구권 등의 합의 사항을 위반하여 주식매매가 이루어진 경우 위와 같은 합의는 당사자간에만 채권적인 효력이 있는 것이므로 사법적으로 제3자에 대한 매각의 효력을 부인하는 데에는 현실적인 어려움이 있는 것이 사실이다.

따라서 위와 같은 합의 내용을 위반하였을 경우에는 다른 주주들이 보유한 주식의 객관적인 가치에 비하여 월등히 높은 배율을 적용한 콜옵션을 부여하도록 하든가, 해당 비율을 적용한 정액으로 위약금을 부과하는 방향으로 패널티를 설정하는 것이 현실적으로 해당 조항을 준수하도록 하는 심리적인 부담을 부여하는 효과를 거둘 수 있다.

이 경우 지양해야 할 것은 해당 조항을 위반한 당사자의 주식매매 행위로 인하여 다른 주주가 입은 실제 손해를 배상하도록 하는 내용으로 패널티 조항을 정하는 것인데, 실제적으로 다른 주주가 입은 손해를 계산하여 입증하는 것은 가상적인 상황을 상정하여야 한다는 점에서 현실적으로나 기술적으로 매우 어렵기 때문에 위와 같이 별도의 계산 방법을 미리 확정하여 패널티를 부과하는 것이 보다 간명하고 바람직하다.

11 효과적인 PMI를 위하여

1 인수 후 효과적인 통합 (PMI, Post Merger Integration)의 중요성

일반적으로 M&A를 통해 시너지 효과를 얻고자 하는 매수인의 경우에도 거래금액 등 계약 조건에 대한 합의, 이를 위한 실사, 계약의 이행 등 딜의 성공 여부에 대부분의 에너지를 투입하는 경우가 많으며, 사실 본서의 대부분도 이러한 내용에 대한 설명으로 채워져 있다. 그런데 여러 가지 통계에 따르면, 실제로 상호 우호적인 협상에 따른 원활한 계약 체결과 차질 없는 계약의 이행으로 딜 자체는 성공하였다고 하더라도, 인수기업과 피인수기업의 문화적인 차이 등 상호 이질감에 따른 비우호적인 관계 형성, 인수기업의 임직원이 피인수기업의 임직원에 대하여 점령군처럼 우월적인 태도를 보임으로 인한 갈등 및 이로 인한 피인수기업 핵심 인재의 이탈, 인수기업과 피인수기업 간에 업무적으로 유기적인 관계를 형성하지 못하는 등 인수 후 통합업무(PMI, Post Merger Integration)의 실패로 인하여 예상했던 시너지 효과를 제대로 누리지 못하는 경우가 많은 것으로 나타나고 있다.

즉, 궁극적으로 M&A의 성공을 좌우하는 열쇠는 PMI에 있음에도 불구하고 상당 수의 M&A의 절차에서 딜 자체의 성공에만 집중하고 PMI와 관련된 준비를 소홀히하여 소기의 목적을 달성하지 못하는 경우가 적지 않은데, PMI를 위한 작업은 M&A 계약의 초기 단계부터 계획적으로 이루어져야 하며, 보다 많은 에너지와 노력이 투입되어야 한다는 것이 경영분야 전문가들의 의견이다.

2 효과적인 PMI를 위한 방안

효과적인 PMI는 각 기업의 상황에 맞게 이루어져야 하기 때문에 일률적인 방법이 있다고 보기는 어렵지만, 대체적으로 인수기업과 피인수기업간의 문화적 차이를 극복하기 위한 다각도의 방법 모색, 인수기업 임직원과 피인수기업 임직원 사이에 위화감이 조성되지 않도록 하는 의식적인 노력, 업무상 유기적인 연계로 시너지 창출을 위한 방안 마련 등 위의 PMI 실패 사례에서 드러난 문제점을 해결하는 것으로 귀결되고 있다.

여러 전문가들 또한 다양한 관점에서 PMI의 성공을 위한 방안을 제시하고 있는데, 그 내용을 개략적으로 살펴 보면 다음과 같다.

1) M&A 이전 효율적인 사내커뮤니케이션을 통한 조직 몰입 달성

'인수합병 후 통합과정(PMI)에서 사내 구성원의 커뮤니케이션이 조직 몰입에 미치는 영향'이라는 연구논문[23]에 따르면, M&A를 경험한 회사의 임직원들에 대한 설문조사 결과 M&A 대상기업의 임직원들은 회사 내부적인 공식 통보 없이 외부로부터 그러한 뉴스를 접하게 되면 자신의 거취에 대한 심리적인 동요와 불안감을 느끼게 되며, 그로 인하여 우수한 임직원들이 먼저 조직에서 이탈하는 경우가 많다고 한다. 따라서 이러한 부작용을 막으려면 초기부터 시의적절한 사내 커뮤니케이션을 통하여 인수회사나 피인수회사(대상회사)의 임직원들에게 해당 M&A의 목표 및 방향성을 제시해 주고 예상되는 절차 및 이러한 절차로 인하여 임직원들이 받게 되는 불이익이 없고 오히려 긍정적인 부분이 많다는 점을 알려 주는 것이 효과적인 PMI를 위하여 중요하다고 보고 있다.

이와 같은 연구 결과에 비추어볼 때, M&A의 진행은 매우 중요한

23) 2007. 12. 서강대학교 언론대학원 홍보전공 김승현 연구논문

경영판단 사항이므로 상당히 은밀하게 이루어지는 경우가 많다고 하더라도, 그러한 내용에 대한 의사결정이 이루어진 다음에는 최소한 언론을 통하여 일반인들에게 알려지기 전에 내부 임직원들에게 적절한 방법으로 통지해 주면서 방향성을 제시하고 심리적으로 안심을 시켜 주는 작업이 PMI의 성패에 상당한 영향을 미친다는 것을 알 수 있다. 따라서, 회사의 핵심 부서에 있는 일부 인원만이 이러한 정보를 독점하여 의사결정 이후 언론에 M&A 사실을 공표하고, 이처럼 중요한 사실을 일반 직원들이 언론 등 외부로부터 인지하게 하는 것은 의사결정의 밀행성에는 좋을지 몰라도 다른 직원들에게 상대적 박탈감과 불안감을 야기하여 PMI에 부정적인 영향을 미친다는 것을 잘 인지하고 원활한 커뮤니케이션에 주의를 기울일 필요가 있다.

2) M&A 초기 단계부터 공감대형성, 방향제시, 기대관리를 통한 PMI 성공

한편 '인수합병 후 기업통합(Post Merger Integration; PMI)'이라는 기고문[24)]에 따르면 PMI에는 조직의 변화 관리, 다양한 심리 문제, 문화 차이의 극복 등 수 많은 난관이 도사리고 있어 문제가 발생한 후에 수동적으로 대처하는 접근 방식으로는 온전한 해답을 찾기 어려우므로 그 준비는 M&A를 위한 계약 체결 전부터 이루어져야 한다고 하면서, ① 강력한 리더십과 원활한 커뮤니케이션을 통한 '공감대 구축', ② 향후 '성장 비전 제시'를 통한 조직원의 불안 해소, ③ 솔직하고 성실한 정보 공개와 초기의 가시적 성과를 통한 '기대 관리'가 필요하다

---

24) 「LG주간경제」 2001. 6. 13. 자 경영교실 제45면, 남대일 기고문

고 보고 있다.

본 기고문의 내용은 위 연구논문과 그 방향성은 다소 다르지만 커뮤니케이션이 PMI의 성공에 얼마나 중요한 요소인지를 보여 주고 있으며, 그 이외에 강력한 리더십과 초기의 가시적인 성과 또한 PMI의 성공에 영향을 미친다는 점 또한 시사하는 바가 크다.

3) 확고한 리더십, 치밀한 관리역량, 피인수기업에 대한 학습능력을 통한 PMI 성공

'기업인수 후 갈등해소와 통합전략의 성공요인 : 한국형 모델의 탐색과 제안'이라는 연구논문[25]에서는 국내외 다양한 기업의 M&A 사례를 분석하여 우리나라 기업의 통합전략의 문제점을 파악하고 그 해결책을 제시하고 있다. 이에 따르면 우리기업의 M&A에 있어 통합전략의 문제점을 ① 관련성 없는 사업 인수에 따른 통합의 어려움, ② 기업문화의 차이, ③ 통합전략의 부재, ④ 실행 경험의 부족, ⑤ 리더의 역할 부재 등 5가지로 분석하고 있으며, 이를 개선하기 위해서는 ① 통합전략을 수행하는 데 주도권을 쥐고 프로젝트를 이끌 수 있는 확고한 리더십, ② 인수후 통합전략을 치밀하게 수립하고 이를 실행할 수 있는 관리역량, ③ 피인수 기업으로부터 지식을 제대로 습득할 수 있는 노하우 혹은 학습역량 등 세 가지를 강화할 것을 제시하고 있다.

본 연구논문은 북유럽의 기업과 우리나라 기업의 방대한 M&A 사례를 심층적으로 분석하여 PMI 전략상의 문제점과 해결 방안을 도출한 점에 특징이 있는데, 커뮤니케이션에 중점을 둔 위의 두 가지 연구

25) 「분쟁해결연구」 14권 제1호. 2016., 제69 내지 101면, 류주한

와 다른 관점에서 리더십, 관리역량, 학습역량 등 회사 관계자들의 역량을 강화하는 것이 PMI 성공에 중요하다고 보고 있다. 따라서 본 연구논문은 M&A를 수행하려 하는 여러 기업들이 참고할만한 요소가 많은 것으로 보인다.

III

M&A 유형별 실제 샘플 계약서 양식 등

1 신주 발행 및 구주매매 방식(기존주주 잔류)

신주인수 및 주식매매 계약

본 신주인수 및 주식매매 계약(이하 "본 계약")은 아래 당사자들 사이에 [ ]년 [ ]월 [ ]일(이하 "본 계약 체결일") 체결되었다.

1. [ ]에 본점을 두고 있는 주식회사 A(이하 "매수인")

2. [ ]에 주소를 두고 있는 B

3. [ ]에 주소를 두고 있는 C

4. [ ]에 주소를 두고 있는 D(이하 2내지 4의 당사자들을 개별적으로 "매도인", 총칭하여 "매도인들")

5. [ ]에 본점을 두고 있는 주식회사 E(이하 "발행회사")
(이하 발행회사, 매도인들 및 매수인을 개별적으로 "(각) 당사자", 총칭하여 "당사자들"이라 함)

전 문

가. 본 계약 체결일 현재 매도인들은 발행회사 발행주식의 100%에 해당하는 액면가 금 5,000원의 보통주식을 총 [ ]주 보유하고 있다.

나. 본 계약에서 정하는 조건에 따라, 발행회사는 매수인에게 액면가 금 5,000원의 보통주식 [ ]주(이하 "본건 신주")를 발행하고, 매수인은 이를 인수(이하 "본건 신주인수")하고자 한다.

다. 본건 신주인수와 동시에, 매수인은 매도인들로부터 보통주식 [ ]주(이하 총칭하여 "대상주식")를 매수(이하 "본건 구주매수")하고자 하며, 매도인별 대상주식은 제3.2조 목록에 규정된 바와 같다. 이하 (i) 본건 신주인수 및 (ii) 본건 구주매수를 총칭하여 "본건 거래"라 한다.

이에 당사자들은 다음과 같이 합의한다.

제1조 정의

1.1. 용어의 정의. 본 계약에서 사용되는 용어는 본 계약에서 달리 정의되지 아니하는 한, 본 계약에서 정의된 의미를 가진다.

제2조 본건 신주의 발행 및 인수

2.1. 본건 신주의 발행 및 인수. 본 계약의 제반 조건에 따라 발행회사는 본건 신주 [ ]주를 매수인에게 발행하고, 매수인은 이를 주당 금 [ ]원(이하 "발행가액"), 총 금 [ ]원(이하 "인수대금")에 인수한다.

제3조 대상주식의 매매

3.1. 대상주식의 매매. 본 계약에 따라 매수인이 매도인들에게 지급해야 할 대상주식의 매매대금은 총 [ ]원으로 하고, 대상주식 1주의 가격은 금 [ ]원으로 한다.

3.2. 매매대금. 각 매도인 별로 매수인에게 매도할 대상 주식의 수 및 매수인으로부터 지급받을 매매대금은 다음과 같다.

매도인	대상주식(주)	
B		
C		
D		
합계		

제4조 거래종결

4.1. 일시 및 장소. 본건 거래의 종결은, 본 계약이 제9조에 따라 중도에 해제되지 아니하는 한, 종결일 현재 본 계약 제7조에 규정된 모든 선행조건이 충족되거나 권한 있는 당사자에 의하여 면제되는 것을 조건으로, [ ]년 [ ]월 [ ]일 또는 당사자들이 달리 합의하는 날에 매수인과 발행회사가 합의하는 장소에서 이행하기로 한다.

4.2. 종결시 매수인의 이행사항. 매수인은 본 계약 제7.1조에 규정된 모든 선행조건들이 충족되거나 매수인에 의해 그 충족이 면제되는 것을 조건으로, 발행회사가 제4.3조에 따른 이행사항을, 매도인들이 제4.5조에 따른 이행사항을 각각 이행함과 동시에 종결일에 아래 각 항의 사항을 이행한다.

(1) 발행회사가 지정한 아래의 신주인수대금 납입계좌에 인수대금을 납입

은행(지점): [ ]
인수대금: [ ]원

(2) 매도인들 명의의 아래 예금계좌에 매매대금을 즉시 결제 가능한 자금을 이체하는 형태로 지급

매도인	은행	계좌번호
B		
C		
D		

4.3. 종결시 발행회사의 이행사항. 발행회사는 본 계약 제7.2조에 규정된 모든 선행조건들이 충족되거나 발행회사 및 매도인들에 의해 그 충족이 면제되는 것을 조건으로, 매수인이 제4.2조 제(1)항에 따른 이행사항을 이행함과 동시에 종결일에 아래 각 항의 사항을 이행한다.

(1) 제7.2조에 따른 종결에 필요한 모든 서류를 매수인에게 교부

(2) 인수대금에 대한 납입증명서를 매수인에게 교부

(3) 기타 매수인이 합리적으로 요구하는 기타 서류를 매수인에게 교부

4.4. 발행일 발행회사의 이행사항. 발행회사는 종결일의 다음 날(이하 "발행일")에 아래 각 항의 사항을 이행한다.

(1) 어떠한 부담이나 조건이 없는 상태로 본건 신주를 표창하는 주권을 매수인에게 교부

(2) 매수인을 대상주식 및 본건 신주에 대한 주주로 등재한 발행일 기준 주주명부의 원본대조필 사본 교부

4.5. 종결시 매도인들의 이행사항. 매도인들은 본 계약 제7.2조에 규정된 모든 선행조건들이 충족되거나 발행회사 및 매도인들에 의해 그 충족이 면제되는 것을 조건으로, 매수인이 제4.2조 제

(2)항에 따른 이행사항을 이행함과 동시에 종결일에 아래 각 항의 사항을 이행한다.

(1) 대상주식을 표창하는 주권을 매수인에게 교부

(2) 매매대금 전부를 지급받았음을 확인하는 영수증을 매수인에게 교부

(3) B, C, D에 관한 사임서 원본(인감증명서 등 사임등기에 필요한 첨부서류를 포함)을 매수인에게 교부. 위와 같은 사임서 원본에는 B, C 및 D에 대하여 발행회사가 지급하는 임원퇴직금의 총액 및 위 사임 이사들이 발행회사에 대하여 어떠한 청구권도 보유하지 않고 있으며 그 인식 유무를 불문하고 추가 청구를 포기한다는 확약이 기재되어야 하며, 이를 위하여 매도인들은 거래종결일 10영업일 전까지 위 사임 이사들에 대한 퇴직금 및 산정 근거를 통보하기로 함.

(4) 대표이사 선임계약서 원본대조필 사본을 매수인에게 교부

(5) 매수인이 사전에 통지한 이사 및 감사 후보자, A, B를 발행회사의 이사 및 감사로 선임하는 내용의 임시주주총회 의사록 원본을 매수인에게 교부

(6) 기타 거래종결과 관련하여 매수인이 합리적으로 요청하는 문서를 매수인에게 교부

제5조 지배주주들 및 발행회사의 진술 및 보장

본 계약의 공개목록에 기재된 사항을 제외하고, 매도인 B, C, D 및 발행회사는 매수인에게 본 계약 체결일 및 종결일 현재(단, 특정일을 명시하고 있는 경우에는 그와 같은 날 현재) 다음의 사항이 진실하고 정확함을 진술 및 보장한다.

(1) 설립 및 존속. 발행회사는 대한민국 법률에 따라 적법하게 설립되어 유효하게 존속하고 있는 주식회사이고, 현재 영위하고 있는 사업을 수행하기 위하여 필요한 능력과 자격을 가지고 있다.

(2) 권한과 자격, 집행가능성. 매도인들 및 발행회사는 본 계약을 체결하고 본 계약에 따른 의무를 이행하기 위하여 필요한 권한과 자격을 가지고 있다. 본 계약은 매도인들 및 발행회사에 대하여 적법하고, 유효하며, 법적 구속력 있는 의무를 구성하고, 발행회사의 정관 및 본 계약의 조건들에 따라 발행회사에 대하여 집행 가능하다. 발행회사는 법령과 정관에 따른 내부 승인 절차(이사회 결의 등)를 포함하여 본 계약의 체결, 교부, 이행에 필요한 모든 법적 조치를 적절하게 이행하였다.

(3) 위반사항의 부존재.

(i) 본 계약의 체결 및 이행은 법령 및 발행회사의 정관에 위반되지 않으며, 적법한 절차에 따라 유효하게 이루어졌다.

(ii) 발행회사가 본 계약을 체결하고 이행하는 것은 (a) 발행회사에 적용되는 법령 또는 정부기관의 판결이나 명령 등에 위반되지 아니하고, (b) 발행회사의 정관에 위반되지 아니하며, (c) 발행회사가 당사자이거나 발행회사 또는 그 자산을 구속하는 다른 계약을 위반하게 되거나 또는 그러한 계약에 규정된 해지, 해제, 취소, 기한이익의 상실, 위약금의 발생, 계약 조건의 변경이나 기타 라이선스 또는 채무관련 서류의 변경 사유(상대방 계약당사자, 채권자 또는 제3자의 통지, 결정, 결의나 일정 기간의 경과시 위

반 또는 의무불이행을 구성하거나 기한의 이익이 상실되는 경우를 포함한다)에 해당하지 아니하고, (d) 이러한 계약상 어떤 인(人)의 동의나 승인 또는 그에 대한 통지 또는 지급을 초래하게 되거나 채무불이행 사유에도 해당되지 아니하고, (e) 발행회사의 자산에 부담을 발생시키거나 발행회사의 자산과 관련하여 채권자취소권, 우선매수권이나 매도청구권 기타 이와 유사한 권리를 제3자에게 발생시키지 아니한다.

(4) 정부승인. 발행회사는 현재 영위하고 있는 사업과 관련하여 필요한 정부승인을 적법하게 취득하여 보유하고 있으며, 그러한 정부승인은 모두 유효하다. 발행회사는 정부승인의 조건과 관련된 의무를 모두 충실하게 준수하였고, 그 정부승인의 무효, 취소, 정지 또는 갱신거절을 초래할 수 있는 어떠한 사유나 사정도 존재하지 아니한다. 발행회사는 정부기관으로부터 정부승인의 조건 및 관련 의무의 위반, 정부승인의 무효, 취소, 정지 또는 갱신거절을 초래할 수 있는 어떠한 사유나 사정의 존재에 대하여 통지 또는 고지받은 사실이 없으며, 그와 같은 사정이 발생할 우려가 존재하지 아니한다.

(5) 승인과 동의 등. 매도인들 및 발행회사가 본 계약을 체결하는데 그러한 정부승인이나 동의가 없을 경우 중대한 부정적 영향을 초래하는 정부승인이나 제3자의 동의는 요구되지 아니한다.

(6) 장애사유의 부존재. 본건 거래의 이행을 금지하거나 제한하는 소송, 중재, 행정심판, 감독기관의 심의 등이 계속 중에 있지 않고, 그러한 소송 등이 제기될 위험은 없다.

(7) 자본구성.

발행회사의 수권주식 총수는 [ ]주이다.

수권주식 총수 중 발행회사 보통주식 [ ]주가 발행되어 있으며 매도인들이 그 전량을 보유하고 있다.

발행회사가 발행한 모든 주식은 적법, 유효하게 발행되었고, 이에 대한 대금이 완납되어 추가 납입 의무가 존재하지 아니한다.

발행회사에는 전환사채, 신주인수권부사채, 주식매수선택권, 신주인수권(법령에 따라 주주에게 인정되는 신주인수권은 제외함) 기타 발행회사의 주식으로 전환 또는 교환될 수 있거나 달리 발행회사의 신주발행 의무를 발생시킬 수 있는 증권이나 기타 권리가 발행 또는 부여되어 있지 아니하며 이와 관련된 계약이나 약정도 존재하지 아니한다.

(8) 재무제표. 공개목록 [ ]에 첨부된 재무제표(이하 "기준재무제표")는 법령 및 회계처리기준에 따라 작성되었으며, 해당 기준재무제표 작성일 현재 및 해당 기준재무제표에 인용된 각 기간 동안의 재무상태, 영업실적 및 자본변동 등을 정확하게 표시하고 있다.

(9) 우발채무의 부존재. 발행회사는 (i) 기준재무제표에 반영된 것, (ii) 기준재무제표 기준일 이후 통상적인 영업과정에서 발생한 것을 제외하고는, 매도인들이 알고 있는 한, 확정 여부를 불문하고 어떠한 우발채무나 부외부채, 기타 어떠한 종류의 채무도 부담하고 있지 아니하다.

(10) 계약. 발행회사가 체결한 계약들은 현재 유효하며 각 당사자의 법률적으로 구속력 있는 의무를 구성한다. 발행회사

또는 상대방 계약당사자는 위 계약상 채무불이행 상태에 있지 않으며, 발행회사 또는 상대방 계약당사자의 채무불이행을 구성할 수 있는 어떠한 사유(통지나 일정 기간의 경과 시 채무불이행을 구성할 수 있는 사유를 포함한다)나 취소, 해제, 계약기간 변동 또는 계약조건 변경 사유도 존재하지 아니한다. 위 계약의 어느 당사자도 발행회사에게 계약의 취소 또는 해제 · 해지의사를 서면으로 통지한 바 없다. 발행회사의 계약상 권리에는 어떠한 담보권등도 설정되어 있지 아니하다. 위 계약 중 본건 거래와 관련하여 상대방 계약당사자 등 제3자의 사전 동의(본건 거래로 인해 상대방 계약당사자에게 해제권 또는 해지권을 발생시키거나, 본건 거래가 해당 계약의 종료 사유가 되는 경우를 포함한다) 또는 협의나 그에 대한 통지를 필요로 하는 계약은 존재하지 않는다.

(11) 유형자산. 발행회사는 자신의 사업과 관련하여 소유하거나 사용하고 있는 모든 중요한 유형자산(부동산, 동산, 유체동산을 포함함)에 대하여 적법한 소유권을 보유하고 있거나, 임대차 기타 유사한 계약으로 유효한 사용권을 보유하고 있으며, 발행회사가 소유권을 보유하고 있는 유형자산에는 어떠한 (i) 담보물권, 용익물권, 각종 비전형담보, (ii) 우선매수권, 콜옵션, 재매매, 대물변제예약 또는 환매특약, (i)의 권리를 부여하기로 약정한 계약 (iii) 압류, 가압류, 가처분, 체납처분 또는 (iv) 기타 소유권에 대한 일체의 법률상 또는 계약상 제한(사용권에 대한 제한, 거래의 제한, 수익의 수령에 대한 제한을 포함하되 이에 한정되지 아니함)(이하 "제한부담")도 설정되어 있지 아니하다. 발행회사는 그 소유 및 사용 부동산에서 그 사업을 수행하기 위해 필요

한 모든 중요한 권리, 권한 및 정부승인을 보유하고 있다. 이와 같은 유형자산 중 부동산은 현재 등록 또는 신고된 사용 목적에 따라 중요한 면에서 적법하게 사용되고 있고 제3자의 자산 내지 권리를 침해하고 있지 아니하다.

(12) <u>지식재산권등</u>. 발행회사는 자신의 사업과 관련하여 소유하거나 사용하고 있는 모든 지식재산권등에 대하여 적법한 소유권을 보유하고 있거나 라이센스 기타 유사한 계약으로 유효한 사용권을 보유하고 있으며, 발행회사가 소유권을 보유하고 있는 지식재산권등에는 어떠한 제한부담도 설정되어 있지 아니하다. 매도인들이 알고 있는 한, 발행회사는 소유하거나 사용하고 있는 지식재산권등과 관련하여 제3자의 권리를 침해한 바 없고, 이와 관련하여 제3자로부터 이의 제기를 받는 등 제3자와 분쟁이 발생한 바 없으며, 그와 같은 침해 또는 분쟁이 발생할 우려가 없다.

(13) <u>법령준수</u>. 매도인들이 알고 있는 한, 발행회사는 그 사업을 영위함에 있어 관련 법령을 중요한 면에서 준수하여 왔고, 관련 법령의 위반을 구성하거나 이를 초래할 수 있는 사유나 사정이 발생한 바 없다. 발행회사는 정부기관 또는 제3자로부터 법령 위반과 관련한 통지 또는 고지를 받은 사실이 없다.

(14) <u>근로관계; 노동조합</u>.

발행회사는 「근로기준법」, 「파견근로자 보호 등에 관한 법률」, 「근로자참여 및 협력증진에 관한 법률」 기타 근로관계에 관한 모든 법령, 취업규칙 등 내부규정, 단체협약 및 계약을 중요한 면에서 준수하고 있고, 해당 법령이나 취업규칙을 중요하게 위반하여 근로자를 해고하거나 위장도급 또는 불법파견을 받은 사실이 없다.

(i) 발행회사는 「근로기준법」, 「파견근로자 보호 등에 관한 법률」, 「근로자참여 및 협력증진에 관한 법률」 기타 근로관계에 관한 모든 법령, 취업규칙 등 내부규정, 단체협약 및 계약을 중요한 면에서 준수하고 있고, 해당 법령이나 취업규칙을 중요하게 위반하여 근로자를 해고하거나 위장도급 또는 불법파견을 받은 사실이 없다.

(ii) 발행회사가 「근로기준법」, 「파견근로자 보호 등에 관한 법률」 기타 근로관계에 관한 모든 법령(판례를 포함함), 취업규칙 등 내부규정, 근로관행 등에 따라 임직원에게 지급하여야 할 의무가 있는 임금, 각종 수당, 상여금, 퇴직금 기타 지급해야 하는 모든 금액들은 이미 지급되었고 향후 지급하여야 하는 금액은 기준재무제표에 모두 정확하게 반영되어 있다.

(iii) 발행회사에는 노동조합이 존재하지 아니하고, 근로관계와 관련하여 발행회사에 대하여 진행 중인 중요한 근로자의 고충처리, 노동위원회 또는 법원에 제소, 기타 민원 등은 존재하지 아니하며, 발행회사는 파업 기타 단체행동이 진행 중이거나 파업 또는 기타 단체행동이 예정되어 있지 아니하다.

(15) <u>조세</u>. 발행회사는 (i) 세무당국에 제출하여야 하는 모든 세금계산서(자료제출신고서 포함), 보고서 및 명세서를 적법하게 적시에 제출하였고, 이는 모든 중요한 면에서 정확하고 완전하며, (ii) 모든 세금(성실하게 이의를 제기하고 기준재무제표에 명시적으로 적절하게 충당금을 설정한 세금은 제외함)을 적기에 납부하였고, (iii) 기한이 도래하지 않

은 세금을 납부하기 위하여 충분한 적립금을 회계처리기준 및 법령에 따라 기준재무제표에 기재하였으며, (iv) 발행회사에 적용되는 원천징수와 그 지급에 관련된 법령을 준수하였고, 해당 금액을 적절하게 정부기관에 납부하였고, (v) 특수관계인과의 거래와 관련하여 추가적인 세무 부담이 발생할 사유나 사정은 존재하지 아니하며, (vi) 기타 세금과 관련한 법령을 준수하였다.

(16) 보험. 매도인들이 알고 있는 한, 발행회사는 예술인 고용보험 등 관련 법령에 따라 가입이 요구되는 보험에 가입하고 있으며, 발행회사와 유사한 사업을 영위하는 회사가 통상적으로 가입하는 보험에 가입하고 있다. 발행회사는 위 보험을 적법하고 유효하게 유지하고 있고, 보험료를 미납하지 않았으며, 보험계약의 해지 · 해제 사유가 발생한 바 없고, 보험금 청구권에는 제한부담이 설정되어 있지 아니하다.

(17) 소송 및 분쟁. 발행회사와 관련하여 발행회사, 임원(발행회사가 손해배상 의무를 부담할 수 있는 경우에 한함)을 상대로 계속 중이거나 진행중인 소송, 신청, 중재, 수사, 조사 등의 사법상 또는 행정상 절차는 존재하지 아니하며, 그와 같은 절차 등이 개시될 우려는 존재하지 아니한다.

(18) 중대한 부정적인 영향의 부존재. [ ]로부터 거래종결일까지의 전 기간 동안, 단독으로 또는 다른 사정과 종합하여, (i) 발행회사의 사업, 자산, 부채, 고용관계, 고객관계, 재무상태, 영업상태에 대해 중대한 부정적인 영향 또는 변경을 초래하거나 초래할 것으로 합리적으로 예상되는 사건, 사유, 환경, 조건, 사정 또는 영향, 또는 (ii) 본건 거래를 불가능 또는 위법이 되도록 하거나 중대하게 지연하는 사건, 사유, 환경, 조건, 사정 또는 영향(그와 같은 사정으

로 인하여 발행회사에 금 [ ]원 이상의 손실을 발생시키거나 순자산 또는 현금 및 현금성 자산 등을 감소하게 하는 경우를 포함하되 본 계약에서 예정한 바에 따른 경우는 제외, "중대한 부정적 영향")은 존재하지 아니한다.

(19) 특수관계인과의 거래. 발행회사와 특수관계인간의 거래 조건은 세법과 공정거래법을 포함한 관련 법령에 위반되지 않고, 특수관계 없는 제3자와 정상거래 조건에 비하여 발행회사에 불리하지 않으며, 해당 계약 및 거래의 체결 및 이행 과정은 절차적으로 공정하였고, 해당 거래는 정상가격 및 정상이자율에 따라 이행되었다.

(20) 정보의 공개 및 서류의 신빙성. 발행회사가 매수인에게 제공한 모든 자료 및 정보는 중요한 점에서 완전하고 유효하며 사실과 다른 내용을 포함하거나 사실을 누락하지 않고 있다.

(21) 자회사 등. 발행회사는 다른 회사의 주식, 사원권, 유가증권이나 지분증권을 소유 또는 보유하고 있지 않으며 이를 소유 또는 보유할 의무도 부담하고 있지 아니하다.

제6조 매수인의 진술 및 보장

매수인은 발행회사에게 본 계약 체결일 및 종결일 현재(단, 특정일을 명시하고 있는 경우에는 그와 같은 날 현재) 다음의 사항이 진실하고 정확함을 진술 및 보장한다.

6.1. 설립 및 존속. 매수인은 대한민국 법률에 따라 적법하게 설립되어 유효하게 존속하고 있는 법인이다.

6.2. 권한과 자격, 집행가능성. 매수인은 본 계약을 체결하고 본 계약

에 따른 의무를 이행하기 위하여 필요한 능력, 권한 및 자격을 가지고 있다. 본 계약은 매수인에 대하여 적법하고 유효하며 법적 구속력 있는 의무를 구성하고, 매수인의 정관 및 본 계약의 조건들에 따라 매수인에게 집행 가능하다.

6.3. 위반사항의 부존재. 매수인이 본 계약을 체결하고 이행하는 것은 (i) 매수인에게 적용되는 법령 또는 정부기관의 판결이나 명령 등에 위반되지 아니하고, (ii) 매수인의 정관에 위반되지 아니한다.

6.4. 승인과 동의. 매수인이 본 계약을 체결하고 이행하는데 정부승인이나 제3자의 동의는 요구되지 아니한다.

6.5. 장애사유의 부존재. 매수인이 본 계약에 따라 본건 신주를 인수하는 것을 금지하거나 제한하는 소송, 중재, 행정심판, 감독기관의 심의 등이 계속 중에 있지 않고, 매수인이 알고 있는 한 그러한 소송 등이 제기될 위험은 없다.

제7조 거래종결의 선행조건

7.1. 매수인 거래종결의무에 대한 선행조건. 매수인이 종결일에 제4.2조에 규정된 사항을 이행할 의무는, 매수인이 서면으로 면제하지 않는 한 다음 조건들이 종결일 또는 그 이전에 충족되는 것을 전제로 한다.

(1) 진술 및 보장의 정확성. 본 계약 체결일 및 종결일 현재 제5조의 진술 및 보장이 모든 중요한 면에서 진실하고 정확할 것(단, 해당 진술 및 보장에서 그 내용을 중요한 면에 한정하고 있는 경우 그러한 진술 및 보장은 모든 면에서 진실하고 정확할 것).

(2) 매도인들 및 발행회사의 의무 이행. 매도인들 및 발행회사가 본 계약 및 거래관련계약에 따라 종결일 또는 그 이전에 준수하거나 이행할 것이 요구되는 확약사항과 준수사항을 포함한 의무들을 모든 중요한 면에서 적정하게 이행하고 준수하였으며, 기타 본 계약 및/또는 거래관련계약을 중대하게 위반하지 아니하였을 것.

(3) 승인과 동의 등의 완료. 본 계약의 체결 및 이행과 관련하여 매도인들 및 발행회사가 득해야 하는 제3자로부터의 동의, 승인 또는 제3자에 대한 사전협의, 통지, 보고 등의 절차가 완료되었고, 본건 신주인수에 대하여 발행회사의 내부 의사결정기구(이사회 결의 등)의 승인을 포함하여 본 계약 및 거래관련계약의 체결과 그에 따른 의무의 이행을 위해 필요한 모든 수권행위가 이루어졌고 유효하게 존속할 것.

(4) 정부승인. 본건 거래의 이행을 위하여 필요한 정부승인이 모두 완료되었을 것.

(5) 장애사유의 부존재. 본 계약의 이행을 불가능하게 하는 여하한 법령의 제정이나 개정, 소송, 조정, 중재, 신청 및 행정기관의 조사, 처분, 기타 사법상, 행정상의 조치 등이 존재하지 아니하고, 종결일 또는 그 이전에 본 계약의 이행을 방해 또는 저지하는 가압류, 가처분, 압류 등이 법원 기타 정부기관으로부터 발령되지 않았을 것.

(6) 주주간계약의 체결. 매도인들, 발행회사 및 매수인 사이에서 주주간계약이 매수인에게 만족스러운 형식과 내용으로 체결되어 유효하게 존속할 것.

(7) 종결 관련 서류 교부. 발행회사가 종결일 또는 그 이전에 매수인에게 다음 각 호의 서류를 모두 교부하였을 것.

(i) 본건 신주의 발행과 본 계약의 체결 및 이행을 승인하는 내용의 발행회사 이사회의사록 원본대조필 사본

(ii) 기타 매수인이 합리적으로 요구하는 서류

(8) <u>중대한 부정적 영향의 부존재</u>. 본 계약 체결일 이후 발행회사에 중대한 부정적 영향이 존재하지 아니할 것.

7.2. <u>발행회사의 의무이행에 대한 선행조건</u>. 발행회사가 종결일과 발행일에 제4.3조 및 제3.4조에서 규정된 사항을 이행할 의무 및 매도인들이 종결일에 제4.5조에 규정된 사항을 이행할 의무는, 발행회사 및 매도인들이 서면으로 면제하지 않는 한 다음 조건들이 종결일 또는 그 이전에 충족되는 것을 전제로 한다.

(1) 진술 및 보장의 정확성. 본 계약 체결일 및 종결일 현재 제6조에 따른 매수인의 진술 및 보장이 모든 중요한 면에서 진실하고 정확할 것(단, 해당 진술 및 보장에서 그 내용을 중요한 면에 한정하고 있는 경우 그러한 진술 및 보장은 모든 면에서 진실하고 정확할 것).

(2) 매수인의 의무 이행. 매수인이 본 계약 또는 거래관련계약에 따라 종결일 또는 그 이전에 준수하거나 이행할 것이 요구되는 확약사항과 준수사항을 포함한 의무들을 모든 중요한 면에서 적정하게 이행하고 준수하였으며 이를 중대하게 위반하지 아니하였을 것.

(3) 승인과 동의 등의 완료. 본 계약 체결 및 이행과 관련하여 매수인이 얻어야 하는 제3자로부터의 동의, 승인 또는 제3자에 대한 사전협의, 통지, 보고 등의 절차가 완료되었고, 매수인의 내부 의사결정기구의 승인을 포함하여 본 계약의 체결과 그에 따른 의무의 이행을 위해 필요한 수권행위가

이루어졌고 유효하게 존속할 것.

(4) 정부승인. 본건 거래의 이행을 위하여 필요한 정부승인이 모두 완료되었을 것.

(5) 장애사유의 부존재. 본 계약의 이행을 불가능하게 하는 여하한 법령의 제정이나 개정, 소송, 조정, 중재, 신청 및 행정기관의 조사, 처분, 기타 사법상, 행정상의 조치 등이 존재하지 아니하고, 종결일 또는 그 이전에 본 계약의 이행을 방해 또는 저지하는 가압류, 가처분, 압류 등이 법원 기타 정부기관으로부터 발령되지 않았을 것.

제8조 확약사항

8.1. 당사자들의 확약사항

(1) 일반사항. 각 당사자는 본 계약 제8조에서 각 당사자의 의무로 규정된 사항을 이행하여야 하고 기타 본 계약에 따라 부담하는 의무를 이행하여야 하며, 본 계약 체결일로부터 종결일까지 본 계약 제7조에서 정한 종결의 선행조건의 충족을 위하여 합리적인 최선의 노력을 다하며, 종결을 방해하는 어떠한 직·간접적인 행위도 하지 아니하고 종결을 위하여 상호 협조하기로 한다.

(2) 통지. 각 당사자는, (i) 당사자가 자신의 진술 및 보장 사항에 중대한 위반을 발생시키거나 발생시킬 수 있는 사실 또는 조건을 인식하였을 경우, (ii) 본 계약상 확약사항 또는 의무의 위반이 일어났거나 일어날 수 있는 사실 또는 조건을 인식하였을 경우 또는 (iii) 본 계약 제7조의 조건들의 충족이 불가능하거나 실질적으로 그 충족이 명백하게 어렵게 된 경우에는 지체없이 다른 당사자에게 이를 통지하여야 한

다. 단, 이와 같은 통지는 진술, 보장 또는 확약의 변경이나 위반의 시정이나 조건의 충족으로 간주되지 아니한다.

(3) 신고 등. 각 당사자는 본 계약의 체결 및 이행과 관련하여 법령에 따라 요구되는 신고, 동의, 승인 등 정부승인에 필요한 절차를 이행하여야 하며, 이를 득하기 위하여 합리적인 범위 내에서 상호 협조하여야 한다.

8.2. 매도인들 및 발행회사의 종결 전 확약사항

(1) 사업의 운영. 매도인들 및 발행회사는 본 계약 체결일로부터 종결일까지 (i) 통상적인 영업과정에 따라 사업을 운영하도록 하고, (ii) 중대한 부정적인 영향을 초래하는 행위를 하지 아니하도록 하며, (iii) 매수인의 사전 서면동의 없이 [별첨( )]에 규정된 각 행위를 하지 않도록 해야 한다.

(2) 조사 등 협력. 매도인들 및 발행회사는 본 계약 체결일로부터 종결일까지 매수인 또는 매수인이 지정하는 제3자가 합리적으로 요청하는 경우, 법령에 위반되지 않고 사업에 지장을 초래하지 아니하는 범위에서 매수인 또는 매수인이 지정하는 제3자에게 관련 자료와 임직원 면담의 기회를 제공해야 한다.

(3) 이사 및 감사. 매도인들은 본 계약 체결일로부터 종결전까지 발행회사로 하여금 (i) 매수인이 지명한 후보자 [ ]인 및 매도인들이 지명한 후보자 [ ]인을 발행회사의 이사로, 매수인이 지명한 후보자 [ ]인을 발행회사의 감사로 선임하고 발행회사의 임시주주총회를 개최하도록 하고 임시주주총회에서 위 안건이 승인되도록 하여야 한다.

(4) 대표이사 선임. 매도인들 및 발행회사는 B로 하여금 거래종

결까지 발행회사와 [별첨(　　　)]와 같은 내용과 형식의 이사 및 대표이사 선임계약을 체결하고 거래종결까지 발행회사의 대표이사로 하여금 이사회를 소집하도록 하고 위 이사회에서 B를 대표이사로 선임하는 안건이 승인되도록 하여야 한다.

제9조 해제

9.1. 해제사유 및 해제당사자. 본 계약 체결일 이후 종결일 이전에 다음 각 항에 해당하는 사유가 발생할 경우 각 항에 규정된 당사자는 상대방에 대한 서면통지로써 본 계약을 해제할 수 있다. 다만, (i) 종결일 이후에는 당사자들은 어떠한 경우에도 본 계약을 해제할 수 없으며, (ii) 종결이 이루어지지 않는 것에 대해 귀책사유가 있는 당사자는 자신이 귀책사유 있는 해제사유를 근거로 본 계약을 해제할 수 없다.

(1) 본 계약의 종결이 본 계약 체결일로부터 3개월 이내에 이루어지지 않는 경우 각 당사자에 의하여. 다만, 제7조의 선행조건 성취가 객관적으로 불가능하다고 판단되는 경우에는 위 기간이 경과하기 이전이라도 본 계약을 해제할 수 있음.

(2) 당사자 일방이 종결일 이전에 본 계약상의 확약 및 의무사항을 위반하고 그 위반의 시정을 요구하는 서면 통지를 받은 날로부터 10 영업일 이내에 그러한 위반 사항을 시정하지 못한 경우 상대방 당사자에 의하여.

(3) 당사자 일방에 대하여 파산, 해산, 청산, 채무자회생 절차 기타 이에 준하는 절차가 개시된 경우 상대방 당사자에 의하여.

(4) 본건 거래의 전부 또는 중요한 일부를 금지하는 내용의 법

령, 정부기관의 조치로 인하여 본 계약에 따른 거래의 이행이 불가능해지거나 불법화되는 경우 각 당사자에 의하여.

9.2. 일부 해제 금지. 어느 당사자가 본 계약을 해제하는 경우에는 언제나 그 전부를 해제하여야 하고 일부를 해제하는 것은 허용되지 아니하며, 여하한 경우에도 종결 후에는 본 계약을 해제할 수 없다.

9.3. 해제의 효과. 본 계약이 해제된 경우 본 계약은 효력을 상실하고, 당사자들의 본 계약상의 권리, 의무는 소멸하며 더 이상 본건 거래를 종결할 의무를 부담하지 아니한다. 다만, 본 계약의 해제 이전에 이미 발생한 당사자들의 권리, 의무, 제10조 및 제11조에서 정한 권리, 의무, 기타 그 성격상 본 계약의 해제에도 불구하고 유효하게 존속하여야 하는 권리, 의무의 경우에는 본 계약의 해제에도 불구하고 여전히 유효하게 존속한다.

제10조 손해배상

10.1. 손해배상의무. 본 제10조가 규정하는 조건과 제한을 전제로, 매도인들 또는 매수인(이하 "배상의무자")이 본 계약에서 진술하거나 보장한 사항 또는 확약한 사항을 위반하거나 기타 본 계약이 정하는 의무를 위반함으로써 상대방 당사자(매도인들의 위반에 대하여는 매수인, 매수인의 위반에 대하여는 매도인들을 의미함, 이하 "배상권리자")가 손해를 입은 경우, 배상의무자는 배상권리자에게 그 손해를 배상하여야 한다. 매도인들 중 배상의무자를 특정할 수 없는 경우에는 매수인의 손해에 관하여 매도인들은 매도인들이 보유하는 발행회사 주식의 총수 중 각 매도인이 각 보유하는 발행회사 주식의 수에 비례하여 매수인에 대한 손해배상책임을 부담한다. 매도인들이 본 계약에서 진술하거나 보장한 사항 또는 확약한 사항을 위반하여 대상회사에 손실이

발생함으로써 매수인이 입게 되는 손해액은, 대상회사에 발생한 손실액에 거래종결일 현재 매수인이 보유하는 대상회사 지분 비율(매수인이 보유하는 대상회사 발행주식 수/대상회사 발행주식 총수)을 곱한 금액으로 한다. 이 때, 매도인들은 발행회사에 관한 진술 및 보장, 확약 및 기타 의무의 위반을 이유로 하여 발행회사에 대해 어떠한 구상 및 청구도 하여서는 아니 된다.

10.2. 손해배상기간. 각 당사자의 진술 및 보장은 종결일로부터 [ ]년이 되는 날까지 유효하게 존속한다. 다만, 제5조 제(1)항 내지 제(7)항의 진술 및 보장은 기간의 제한이 없으며, 제5조 제(15)항의 진술 및 보장의 위반과 관련된 손해배상의무는 법령에서 정한 해당세금의 제척기간의 만료일로부터 1개월이 되는 날까지 존속한다. 매수인이 제5조에 규정된 진술 및 보장 위반을 이유로 매도인들에게 손해배상을 청구하고자 하는 경우 매수인은 위 기간 내에 매도인들에 대한 서면통지로 손해배상을 청구하여야 한다.

제11조 기타

11.1. 통지. 본 계약에서 달리 정하고 있는 경우를 제외하고, 본 계약에 따른 통지는 서면으로 하여야 하고, 인편, 등기우편, 택배서비스, 팩스 또는 이메일로 송부되어야 한다. 본 계약에 따른 모든 통지는 다른 당사자에게 도달한 때에 효력이 발생하며, 다른 명백한 증거가 없는 한 (i) 등기우편 또는 수령확인증이 송부되는 배달증명우편에 의하여 전달되는 경우에는 송부된 것을 수령한 날, (ii) 인편 또는 인지도가 있는 상업서류 송달회사에 의해 전달되는 경우에는 전달된 것을 수령한 날, (iii) 팩시밀리에 의하여 전달되는 경우에는 전송확인에 의하여 전송이 확인된 날, (iv) 이메일로 발송된 때에는 수령인으로부터 수령확인을 받은

날에 각각 도달한 것으로 본다.

발행회사
주식회사 E
주소:
참조:
전화번호:
팩스번호:
이메일:

매도인들
B
주소:
참조:
전화번호:
팩스번호:
이메일:

매수인
주식회사 A
주소:
참조:
전화번호:
팩스번호:
이메일:

11.2. 비밀유지. 본 계약에 예정된 거래의 종결 여부와 관계없이, 각 당사자는 본 계약의 내용 및 본 계약의 체결 및 이행과정에서 알게 된 다른 당사자의 비밀정보를 다른 당사자의 사전 서면 동의

없이 본 계약 이외의 목적을 위하여 외부(단, 매수인의 사원은 외부에 포함되지 아니함)에 누설하거나 공개할 수 없다. 다만, 법령, 정부기관의 명령이나 거래소의 규정 등에 따라 공개하여야 하는 경우에는 그러하지 아니하되 당해 법령, 정부기관의 명령이나 거래소의 규정을 준수하기 위하여 필요한 최소한의 범위 내에서 다른 당사자의 동의 없이 공개할 수 있다. 이와 같이 공개하고자 하는 당사자는 사전에 다른 당사자에게 이를 통지하고 당사자들이 협의하여 그 공개의 범위를 최소화할 수 있도록 노력하기로 한다.

11.3. 양도 및 승계. 각 당사자는 다른 당사자의 사전 서면 동의 없이 본 계약상 당사자 지위 또는 그에 따른 권리 및 의무를 제3자에게 양도하지 못한다. 다만, 매수인은 본 계약상 당사자 지위 및 본 계약에 따른 권리 및 의무의 전부 또는 일부를 매수인의 계열회사에 양도할 수 있으며, 매도인들 및 발행회사는 본 계약의 체결로써 해당 양도에 동의한 것으로 간주된다.

11.4. 가분성. 본 계약의 어느 조항이 전부 또는 일부의 범위에서 무효이거나 집행 불가능하더라도 이로 인하여 본 계약 또는 당해 조항을 제외한 나머지 부분에 영향을 미치지 아니한다. 본 계약은 법령이 허용하는 한 최대한 유효하게 해석되고 적용된다.

11.5. 완전 계약. 본 계약은 본 계약의 목적과 관련하여 본 계약 체결 이전에 이루어진 여하한 형태의 당사자들간의 합의 내용에 우선하는 효력을 가지며, 당사자들간에 구두로 이루어진 어떠한 해석이나 정보도 본 계약의 의미 또는 해석을 변경하지 못한다.

11.6. 제3자 이익. 본 계약은 당사자들을 구속하며 이들을 위하여 효력을 가진다. 본 계약에 포함된 어떠한 명시적 또는 묵시적인 사항도 당사자들을 제외한 제3자에게 어떠한 권리 또는 구제수단

을 부여하거나 어떤 의무를 발생시키지 아니한다.

11.7. 포기. 본 계약에 따라 일방 당사자에게 요구되는 의무 이행은 상대방 당사자가 서명 또는 날인한 서면 포기서에 의해서만 포기가 가능하고, 그러한 포기는 그에 기재된 특정 의무에 대해서만 해당된다. 어느 일방 당사자가 상대방 당사자에 의한 본 계약의 규정 위반을 포기하더라도, 이는 본 계약의 동일한 규정의 추후 위반 또는 다른 규정의 위반에 대한 포기로 간주되지 아니한다.

11.8. 비용 부담. 본 계약에서 명시적으로 달리 규정하고 있는 경우를 제외하고, 각 당사자들은 본 계약의 작성, 체결 및 이행 등에 따른 세금, 비용, 경비 및 수수료 등을 각자 부담한다.

11.9. 계약의 변경. 본 계약은 당사자들이 모두 서명한 문서에 의하지 아니하고는 수정, 개정 또는 변경될 수 없으며, 관습, 거래관행 또는 거래과정에 의하여 변경될 수 없다. 본 계약의 개정 또는 변경은 당사자들이 서면으로 체결한 경우에만 당사자들을 구속한다.

11.10. 준거법. 본 계약은 대한민국 법률에 따라 해석되고 규율된다.

11.11. 분쟁해결. 본 계약 또는 본 계약의 위반과 관련하여 당사자들간에 분쟁, 다툼 또는 이견이 발생하는 경우 당사자들은 협상에 의하여 우호적으로 해결하기 위하여 노력한다. 당사자들이 분쟁, 다툼 또는 이견을 우호적으로 해결하지 못하는 경우, 그러한 분쟁, 다툼 또는 이견 등은 서울중앙지방법원을 제1심 전속관할로 하는 재판에 의하여 해결한다.

11.12. 체결 및 효력발생. 본 계약은 수개의 복본으로 체결되며, 각 복본은 원본으로 간주된다. 본 계약은 각 당사자가 본 계약서에 각각 서명 또는 기명날인함으로써 체결되며, 체결일에 효력이 발

생한다. 다만, 당사자들의 별도 합의에 따라 서로 상대방 당사자의 서명이 완료되거나 법인인감이 날인된 기명날인 페이지를 수령한 때에 유효하게 체결된 것으로 할 수 있으며, 서명이 완료되거나 법인인감이 날인된 기명날인 페이지의 사본을 팩스 또는 이메일로 수령한 경우에도 서명 페이지 또는 기명날인 페이지를 수령한 것으로 본다.

[이하 서명페이지를 위한 여백]

이상의 내용을 증명하기 위하여 당사자들은 본 계약 첫머리에 기재한 일자에 본 계약서 5부를 작성하여 각각 서명 또는 기명날인한 후 각 1부씩 보관한다.

매수인:

주식회사 A

대표이사 A′ (인)

매도인들:

B (인)

C (인)

D (인)

발행회사:

주식회사 E

대표이사 E′ (인)

(이하 공개목록 및 별첨자료 생략)

2 구주 매매 방식

주식양수도계약서

[ ]에 본점을 둔 주식회사 A의 주주들인 별첨 1에 기재된 양도인들(이하 "갑"이라 한다)과 [ ]에 본점을 둔 B주식회사(이하 "을"이라 한다)는 20 . . . 다음과 같이 주식양수도계약(이하 "본 계약")을 체결한다.

다 음

제1조 (목적)

"본 계약"은, 주식회사 A(이하 "대상회사"라 한다)의 주식 및 경영권을 "갑"이 "을"에게 양도하고, "을"이 그에 대한 대금을 "갑"에게 지급하는 거래와 관련하여 세부사항을 정하는 것을 목적으로 한다.

제2조 (대상주식 등)

① "갑"은 "대상회사"의 주식과 경영권을 "을"에게 양도하고, "을"은 이를 양수한다. (별첨1에 기재된 양도인들의 각 위임장 및 각 인감증명서 첨부)

② "갑"이 "을"에게 양도할 "대상회사"의 주식(이하 "대상주식"이라 한다)은 보통주식 [ ]주로 별첨1에 기재된 바와 같다.

제3조 (양수도대금)

"대상주식"등을 양수하기 위해 "을"이 "갑"에게 지급해야 할 양수도대금은 주당 금 [ ]원(이하 "주당평균가격"), 합계 금 [ ]원으로 한다.

제4조 (양수도대금의 지급방법)

① "을"은 양수도대금을 본 조에서 정하는 방법에 따라 "갑"에게 현금으로 지급하여야 한다.

② "을"은 본 계약의 체결과 동시에 별첨1에 기재된 개별 계약금 금 [ ]원을 "갑"에게 "갑"이 지정한 계좌로의 계좌이체 방법으로 각 지급하기로 한다. 다만, 당사자들 사이에 [ ] 체결된 "양해각서" 제11조 제4항에 따라 "을"이 지급한 이행보증금을 본 계약에 따른 계약금에 충당하기로 하고, "을"은 차액에 대한 지급의무를 부담한다.

③ "을"은 본 계약 체결 후, 본 계약에 따른 선행조건들이 충족되는 것을 전제로 제5조 제1항 제4호의 임시주주총회 당일(이하 "종결일"이라 한다)에 별첨1에 기재된 개별 양수도대금의 잔금을 "갑"이 지정한 계좌로의 계좌이체 방법으로 각 지급한다. 다만, 당사자들의 합의에 의하여 "종결일"을 변경할 수 있다.

④ "갑"은 제3항에 따른 양수도대금의 잔금 수령과 동시에 "을"에게 "대상주식"의 주권 및 명의개서에 필요한 서류와 제5조 제1항 제4호의 서류를 교부하여야 한다.

제5조 (종결의 선행조건)

① 제4조 제3항에 따른 "을"의 의무 이행은 "종결일" 이전까지 다음의 각 사항이 이행될 것을 조건으로 한다.

1. 본 계약에 포함되어 있는 "갑"의 모든 진술과 보증이 본 계약의 체결일 및 "종결일" 현재 모든 중대한 점에서 진정할 것

2. 본 계약상 "종결일"까지 이행되어야 하는 "갑"의 모든 의무와 확약이 중대한 점에서 이행되고 준수되었을 것

3. 본 계약에 의한 거래의 성사에 필요한 모든 제3자의 승인, 동의를

취득하고, 해당 승인서, 동의서 사본을 "을"에게 제공할 것

4. "갑"은 본 계약 체결 이후 최대한 신속히 임시 주주총회를 개최하여 (i) "을"이 추천한 자를 "대상회사"의 이사 및 감사에 선임될 수 있도록 하고, (ii) "대상회사"의 정관 및 내규를 "을"이 요청하는 바에 따라 "을"의 정관 및 내규에 준하는 수준으로 정비하도록 하며, (iii) "을"과 "갑"이 합의하고 관련 법령에서 정한 바에 따라 "대상회사"가 "을"을 대상으로 제3자 배정 방식 유상증자금 [ ]원 이상을 승인하도록 할 것

5. "종결일"까지 본 계약 내용에 이의를 제기하거나 본 계약의 체결 또는 이행을 제한하거나 이에 대해 실질적인 위험을 초래할 수 있는 "갑" 또는 "대상회사"에 대한 중대한 소송, 조정, 중재 기타 분쟁 및 행정기관의 조사, 기타 행정조치 등이 존재하거나 예견되지 아니하고, 본 계약에 영향을 미치는 중대한 법령 위반 사항이 없을 것

② "종결일"에 "갑"의 의무 이행은 "종결일" 이전까지 다음 각 사항이 이행될 것을 조건으로 한다.

1. 본 계약에 포함되어 있는 "을"의 모든 진술과 보증이 본 계약의 체결일 및 "종결일" 현재 모든 중대한 점에서 진정할 것

2. 본 계약상 "종결일"까지 이행되어야 하는 "을"의 모든 의무와 확약이 중대한 점에서 이행되고 준수되었을 것

3. "대상주식"의 양수도 및 기타 본 계약에 의한 거래에 필요한 절차를 모두 이행할 것

4. 본 계약에 의한 거래의 성사에 필요한 모든 제3자의 승인, 동의를 취득할 것

제6조 ("갑"의 진술과 보증)

"갑"은 본 계약의 체결일 현재 본조에 포함된 모든 진술이 진실되고 정확하며 동 진술이 "종결일" 현재에도 진실되고 정확할 것임을 "을"에게 진술하고 보증한다.

① "갑"은 본 계약을 체결할 적법한 능력과 권한을 가지고 있다.

② 본 계약의 체결 및 이행은 법령이나 "갑"이 체결한 계약에 위반되지 아니하고, "종결일" 현재 본 계약의 체결 및 이행을 위한 감독기관, 주무기관 및 기타 제3자의 유효하고 적법한 인허가, 승인, 동의, 신고수리 등을 얻는 등 모든 필요한 조치를 이행하였다.

③ "대상주식"의 적법한 소유자들로부터 본 계약의 체결 및 이행 등을 위하여 적법한 위임을 받았으며, 그 적법한 소유자들은 "대상주식"에 대한 완전한 소유권을 가지고 있고, "대상주식"에 대하여는 소유권을 제한하는 어떠한 담보나 부담도 설정되어 있지 아니하다.

④ "을"은 "대상회사"의 주식 및 경영권 양수를 위하여 본 계약 체결 이전 "갑" 또는 "대상회사"가 제공한 정보와 자료 등에 기초하여 실사(회계실사 및 법률실사)를 하였던바, "갑"이 알고 있는 한, "갑" 또는 "대상회사"가 위와 같이 제공한 정보와 자료 등(별첨[ ] 서면실자자료)이 중요한 부분에서 진실되고 정확하다.

제7조 ("을"의 진술과 보증)

"을"은 본 계약의 체결일 현재 본조에 포함된 모든 진술이 진실되고 정확하며 동 진술이 "종결일" 현재에도 진실되고 정확할 것임을 "갑"에게 진술하고 보증한다.

① "을"은 적법하게 설립되어 유효하게 존속하는 법인이다.

② "을"은 본 계약을 체결할 적법한 능력과 권한을 가지고 있다.

③ "을"은 본 계약을 체결하고 본 계약에 따른 의무를 이행하기 위하여 필요한 이사회결의 등 내부수권절차를 모두 거쳤다.

④ 본 계약의 체결 및 이행은 법령이나 "을"이 체결한 계약에 위반되지 아니하고, "종결일" 현재 본 계약의 체결 및 이행을 위한 감독기관, 주무기관 및 기타 제3자의 유효하고 적법한 인허가, 승인, 동의, 신고수리 등을 얻는 등 모든 필요한 조치를 이행하였다.

⑤ "을"은 합리적 투자자이고, "대상주식"을 매수하기로 한 "을"의 결정은 "대상회사"의 재무 상태 등과 "을"이 "대상주식"의 취득과 관련하여 고려한 기타 요소들에 대한 매수인의 독자적인 평가에 기초한 것이다.

제8조 ("갑"의 대상회사에 대한 진술 및 보증)

"별첨3 실사조정사항"에 기재된 사항을 제외하고, "갑"은 본 계약의 체결일 현재 "대상회사"(이하 "회사"라고만 한다)에 관한 모든 진술이 진실되고 정확하며 동 진술이 "종결일" 현재에도 진실되고 정확할 것임을 "을"에게 진술과 보증한다.

① "회사"는 대한민국의 법률에 의하여 적법하게 설립되어 유효하게 존속 중인 법인이다. "회사"는 현재 적법하게 그 재산을 소유, 임대 및 운영하고 있으며 그 사업을 영위하는 데 필요한 권리 및 권한을 보유하고 있다.

② 본 계약의 체결, 교부 또는 이행은, (i) "회사"의 정관, 사규 또는 기타 내규에 위배되지 아니하고, (ii) "회사"나 그의 재산 또는 자산에 영향을 미치는 법령, 명령, 규칙 또는 판결에 위배되지 아니하며, (iii) "회사"가 일방 당사자이거나 그의 재산이나 자산이 구속될 수 있는 계약의 위반을 초래하거나, 채무불이행을 구성(또는 해제, 취소 또는 기한의 이익의 상실을 구성)하지 아니하고, (iv) 본 계약의 체결, 교부 및 이행을 위한 감독기관, 주무기관 및 기타 제3자의 유효하고 적법한 인허가, 승인, 동의, 신고수리 등을 얻는 등 모든 필요한 조치를 이행하였다.

③ "종결일" 현재 "대상회사"는 보통주식[ ]주와 우선주식[ ]주를 발행하였으며, 모든 발행주식은 적법하게 승인되어 유효하게 발행되었고, 그 주금이 전액 납입되었으며 더 이상의 납입책임을 부담하지 아니한다. "회사"는 "별첨2 서면실사자료"에 기재되지 아니한, 전환사채, 신주인수권부사채, 교환사채 또는 전환상환우선주 등을 발행한 바 없으며, 기발행주식 또는 미발행주식과 관련하여 "회사"로 하여금 주식을 발행, 양도 또는 매각하도록 하거나 동 주식이 발행, 양도 또는 매각되도록 "회사"에게 의무를 부여하는 선택권, 주식매수권, 주식매입선택권, 신주인수권, 인수권 기타 여하한 성격의 권리, 계약, 협약 또는 약정이 존재하지 아니한다.

④ "별첨2 서면실사자료의 재무제표"는 [ ]을 기준으로 작성된 회사의 대차대조표 및 손익계산서(이하 "재무제표"라 한다)로서, "회사"의 장부 및 기록에 의거하여 작성되었고, 이를 정확히 반영하고 있으며, 해당 기간 동안 일관되게 적용된 대한민국의 일반적으로 적용되는 회계원칙에 따라 작성되었고, "재무제표"에 기재되어 있는 시기 및 기간 동안 "회사"의 재무상태 및 영업실적과 현금흐름(재무상태의 변동 포함)을 공정하게 반영하고 있다.

⑤ "별첨2 서면실사자료"에 기재된 내용을 제외하고, "갑"이 알고 있는 한, "회사"는, 그의 사업, 재산 또는 자산에 영향을 미치는 법률, 규칙, 조례, 판례 등을 중대하게 위반한 사실이 없으며, 법에 따라 영위하고 있는 사업을 영위하기 위하여 필요한 중요한 정부 인허가를 보유하고 있다.

⑥ "갑"이 알고 있는 한, [ ] 이후 "회사"에 중대하게 부정적인 영향을 미치게 될 사건이 발생하지 않았다.

⑦ "재무제표"에 공개되어 있는 것을 제외하고, [ ] 이후에 통상적인 영업과정에서 발생하는 상거래채무 이외에 "회사"는 부채나 채무를 전혀 부담하고 있지 않고, "회사"가 담보 목적으로 그 채권자 또는 제3자에게 제공한 어음이나 수표가 없다.

⑧ “회사”는 적기에 납세신고를 하여 왔고, 납부해야 할 모든 조세를 납부하였으며, 미납되거나 연체된 조세는 없다. “회사”는 조세미납 또는 조세법규위반을 이유로 한 조세부과처분을 받은 적이 없고, 조세부과에 관한 예고통지 등을 받은 바 없다. “갑”이 알고 있는 한, “회사”가 기 공제받은 연구개발비와 관련하여 추후 과세관청으로부터 추징 또는 조세부과처분 등을 당할 위험이 전혀 없다.

⑨ “별첨2 서면실사자료”에 기재된 내용을 제외하고, 소송이 계류되어 있지 않으며, “갑”이 알고 있는 한, 그와 같은 소송이 제기될 우려가 없다. 만일 본 계약 체결일 이전에 발생한 사유로 인하여 “대상회사”의 법적인 책임이 인정될 경우 “갑”은 “을”이 입은 모든 손해를 배상한다.

⑩ [ ] 이래로 통상적인 영업과정 중에 매각된 재산을 제외하고, “회사”는 어떠한 담보도 없이 “재무제표”에 기재되어 있는 모든 유형자산에 대한 완전한 소유권을 보유하고 있으며, “갑”이 알고 있는 한, 이들 유형자산들은 통상적인 마모를 제외하고는, 하자 없이 “회사”의 영업을 위하여 정상적으로 작동하고 있다.

⑪ “회사”는 본건 사업의 지속적인 운영에 필요한 지적재산 및 중요한 기타 자산을 소유하고 있거나 그에 대한 라이센스를 허여 받았거나 이를 사용할 수 있는 법적으로 집행가능하고 유효한 권리를 보유하고 있으며, 매도인이 알고 있는 한, “종결일” 이후에도 계약이 정한 시점까지 계속하여 기존과 동일한 조건으로 라이센스를 사용하거나, 유효한 권리를 보유할 수 있다. “회사”가 라이센스나 기타 사용권을 보유하고 있는 지적재산 및 기타 자산과 관련하여, “회사”가 부담해야 하는 것으로서 “을”에게 공개되지 않은 수수료, 로열티, 요금이나 비용 또는 기타 금액은 존재하지 아니한다. “갑”이 알고 있는 한, “회사”는 제3자의 지적재산권을 침해 또는 남용하거나 달리 이에 저촉되는 행위를 하지 않았다.

⑫ 본 계약 체결일 현재 “회사”가 당사자이거나 “회사”를 구속하는 것으로서 본 계약 제9조 제2항 제1호 내지 제9호 기재 사항에 관한 계약(이하

총칭하여 "중요계약들"이라 한다)과 관련하여

1. "회사"는 "중요계약들"의 중대한 계약내용이나 조건들과 관련하여 계약위반을 한 사실이 없고, 상대방 당사자도 계약위반 사실이 없다.
2. "중요계약들"과 관련하여 "회사"와 상대방 당사자 간의 분쟁은 없다.
3. 본 계약 체결은 "중요계약들"의 계약위반 또는 해제사유에 해당하지 아니한다.

⑬ "회사"는 국민연금법, 고용보험법, 국민건강보험법 및 산업재해보상보험법에 따른 보험료를 적기에 납부하였고 미납한 보험료는 없다. "회사"는 종업원에게 모든 임금, 상여금, 유급휴가, 퇴직금 및 기타 보수 및 혜택을 모든 관련 종업원 보수 및 복리후생계획에 관한 법령 및 회사 내규에 따라 지급하였다. 따라서, 현재 재직 중이거나 또는 과거 재직했던 종업원에 대하여 "회사"가 미지급한 임금, 상여금, 유급휴가, 퇴직금 등은 없다. "회사"는 퇴직금과 관련하여 적립하여야 하는 모든 충당금을 적법하게 적립하였으며, [ ]일까지 기발생된 회사의 모든 퇴직금 지급채무는 [ ]자로 작성된 "재무제표"에 적절하게 반영된 바와 같다. "회사"는 파업, 민원, 기타 단체협약관련 분쟁을 겪은 바 없으며, "갑"이 알고 있는 한, 회사는 부당노동행위를 행한 바 없다. "회사"는 "별첨2 서면실사자료"에 기재되지 아니한, 종업원들에 대하여 주식 또는 금전을 배당 또는 지급하는 인센티브제도를 시행하고 있지 아니하다.

⑭ "갑"이 알고 있는 한, "회사"와 "회사"의 특수관계인 간에 이루어진 거래 중 독립된 대등 당사자 간의 거래조건보다 "회사"에 더 불리하도록 되어 있는 거래는 없다.

제9조 (확약사항)

① "갑"은 본 계약의 체결일로부터 "종결일"까지의 기간 동안 "회사"로 하

여금 다음 사항을 이행하도록 하여야 한다.

1. 모든 업무와 경영행위를 정상적인 사업과정에서 평소와 다름없는 정상적인 경영활동 방식으로 계속하여 성실히 수행하도록 한다.

2. 사업 수행과 본 계약 조건의 이행 시 중요한 관계법규를 준수하도록 한다.

3. 합리적인 사전통지가 있는 경우 "을"은 정상적인 업무시간 동안 "회사"의 정상적인 업무를 방해하지 않는 범위에서, "회사"의 모든 사무소, 자산, 장부, 계약 및 문서에 대하여 합리적인 접근을 할 수 있도록 한다.

4. 현재 영업, 물리적인 시설, 근무조건, 보험증권과 임대인, 라이센스 제공자, 공급업체, 고객, 대리점과 종업원과의 관계 등 "회사"의 사업과 재산을, 평소와 다름없는 정상적인 경영활동 방식으로, 실질적으로 온전하게 유지하도록 하여야 한다.

② 본 계약의 체결일로부터 "종결일"까지, "갑"은 "회사"로 하여금, "을"의 사전 서면승인(승인은 합리적인 이유 없이 부당하게 거절되지 아니함)이 없는 한, 아래와 같은 조치를 취하지 아니하도록 한다.

1. 본 계약에 의하여 명시된 것을 제외하고 신주, 전환사채, 신주인수권부사채의 발행이나 주식매수선택권의 부여 등 "회사"의 자본구조를 변경할 수 있는 행위

2. 현금 또는 현물로 배당금 등을 주주에게 지급하는 행위

3. 통상적인 업무수행에 따른 경우를 제외하고, 거래 당 금[　　]원을 초과하거나 총 금 [　　]원에 상당하는 신규 또는 추가 부채 또는 당좌거래(어음 및 수표를 포함한다) 및 타인으로부터 받은 어음 및 수표의 배서 또는 기타 채무를 부담, 발행, 인수, 공여, 갱신 또는 보증하거나, 기존 부채(정상적인 영업과정에 의하여 공급자에 대해

부담하는 유동부채 상환액은 제외)를 상환하는 행위

4. 통상적인 업무수행에 따른 경우를 제외하고, "회사"에 대하여 연간 총 금 [ ]원 이상의 금전적 영향을 가져오는 것으로서 1건 이상의 고용계약을 체결, 변경, 또는 해지하거나, 단체협약을 체결하거나, 신규로 간부급 직책(팀장 이상)을 만드는 행위

5. 통상적인 업무수행에 따른 경우를 제외하고, 장래에 자재, 장비 또는 서비스를 매입하거나, 부동산 또는 장비를 임대차 하는 것을 목적으로 하는 중요한 장기계약("회사"가 정당한 사유 없이 6개월 이내에 사전 통보한 경우 책임을 발생시키지 않고서는 해지될 수 없는 계약기간 6개월 이상의 계약)을 체결하거나, 동 계약을 변경, 대체, 해지 또는 보완하는 행위

6. 통상적인 업무수행에 따른 경우를 제외하고, 거래 당 금 [ ]원을 초과하거나 총 금 [ ]원을 초과하는 자본적 지출

7. 존속 중인 계약 및/또는 정상적인 영업과정 중에 발생된 채무와 관련하여 발생된 것을 제외하고, 거래 당 금 [ ] 원 또는 합계하여 금 [ ]원을 초과하는 비용을 부담하는 행위

8. 이사나 임직원에 대하여 기존 근로계약이나 단체협약에 명시되지 아니한 상여금 지급 또는 급여를 인상해주는 행위(단, 통상적인 관행으로 지급해 왔던 것은 제외)

9. 기타, 통상적인 업무수행에 따른 경우를 제외하고, "회사"에 중대하게 부정적인 영향을 미칠 수 있는 행위의 개시

③ 제2항에 의한 승인요청서를 접수하면, "을"은 그러한 요청 접수 후 7일 이내에 결정사항을 회사에 통보한다. 단, "을"이 위 기간 이내에 승인 여부를 회사에 통보하지 아니할 경우, "을"이 요청을 승인한 것으로 간주된다. "을"이 요청 받은 바와 같은 승인을 하지 않을 경우, 거부 사유를 구체적으로 명시하여 "갑"에게 거부통지를 발송한다.

④ “갑”과 “을”은 (i) 본 계약의 종결을 포함하여 본 계약과 관련된 모든 거래의 성사를 위하여 모든 필요한 동의, 승인 또는 인가를 취득하고, (ii) 다른 당사자가 취득해야 할 동의, 승인 또는 인가를 취득함에 있어 다른 당사자와 협력하는 등, 본 계약에 의한 거래를 완수하기 위해 필요하거나 적절한 모든 일을 행하기 위하여 최선의 노력을 다하여 모든 조치를 취하고 다른 당사자와 협력하여야 하며, (iii) 본 계약에 포함된 진술이나 보증을 전부 또는 부분적으로 허위로 만들거나 혹은 본 계약에 의한 거래의 종결을 방해할 것으로 합리적으로 예상될 수 있는 조건 및 존재가 발생하는 경우(“회사”에 대한 중대하고, 불리한 영향의 존재나 발생 포함), 상대방 당사자에게 즉각 서면 통지하여야 한다.

⑤ “을”은 본 계약 체결일로부터 “종결일”까지 사이에 “갑”의 본 계약 이행 및 “회사” 자산의 관리를 위해 필요한 경우, “갑”과의 합의하에, 대리인 1명 이내(이하 “대리인”이라 한다)를 파견할 수 있다. “갑”은 “을”이 “대리인”을 지정하여 파견할 경우, 즉시 “회사”의 임시직원으로서 그 업무를 수행할 수 있도록 필요한 모든 조치를 하여야 한다.

⑥ “갑”은 “종결일” 이전까지 제5조 제1항의 선행조건이 충족될 수 있도록 “회사”의 주주들이 소유한 주식의 의결권을 행사하는 등 위 선행조건의 충족을 위해 필요한 모든 조치를 취하여야 한다.

⑦ “갑”은 그 자신들 또는 대리인 혹은 제3자로 하여금 “대상회사”와 동종 유사한 사업에 진출하지 아니하도록 아니한다.

제10조 (배상)

① “갑”과 “을”은 본 계약에 포함된 진술, 보증, 약정이나 의무의 부정확함이나 위반으로 인하여 상대방에게 손실, 손해나, 비용(합리적인 변호사 비용 포함한다. 이하 “손실”이라 한다)이 발생할 경우 이를 배상하여야 한다. 본 계약에서 규정하고 있는 “갑”의 대상회사에 대한 진술 및 보장 위반으로 인해 손해가 발생한 경우 이로 인해 “을”에게 발생한 손해액

은, 해당 사유로 인한 전체손해액에 "을"이 "갑"으로부터 인수한 대상 회사 발행 주식에 대한 지분율을 곱한 금액으로 본다.

② 위 ①항에 따라 "갑"과 "을"이 그 책임을 부담하는 본 계약상의 진술 및 보증사항은, "종결일"로부터 [ ]년의 기간 동안 유효하다. 단, 고의적인 진술, 보증사항 위반에 대해서는 이러한 기간의 제한이 적용되지 아니한다. 또한 진술 및 보증 위반을 이유로 손해배상을 청구하는 당사자(이하 "배상권리자")는 위 기간 내에 진술 및 보장 위반의 구체적인 항목, 내용과 항목별 근거자료 및 이로 인한 손해액 등을 상대방(이하 "배상의무자")에게 서면으로 통지한 경우에 한하여 배상의무자에게 손해배상을 청구할 수 있으며, 그러한 통지가 없는 경우에는 해당 부분에 대한 손해배상청구권은 소멸한다.

③ 위 ①항 및 ②항의 손해배상책임은 다음의 제한을 전제로 한다.

1. 본 계약의 다른 조항에도 불구하고, 본 계약에 따른 배상 책임을 발생시킬 수 있는 사실관계가 본 계약 체결일 이전에 (i) 배상의무자에 의해 배상권리자에게 알려지거나 (ii) 달리 배상권리자 또는 그 이사, 임직원, 주주, 대표자, 대리인 또는 자문사가 알고 있었거나 합리적인 조사를 하였다면 알 수 있었을 경우, 배상의무자는 그 한도에서 손해배상책임을 부담하지 아니한다.

2. 배상권리자는 손해를 발생시킬 수 있는 사유가 있음을 인지한 때에는 그로 인한 손해를 최소화하기 위하여 모든 합리적인 조치를 취해야 하며, 그러한 조치 해태로 인하여 발생하거나 추가된 손해에 대하여는 배상의무자에게 손해배상을 구할 수 없다.

3. 본 계약에 따른 손해배상책임은 손해배상을 초래하는 사실관계가 하나 이상의 진술 및 보장, 확약 또는 의무의 위반을 구성한다는 이유로 중첩적으로 발생되지 아니한다.

4. 본 계약에 따른 손해배상책임은 금 [ ]원을 초과하는 경우에만,

그 초과 금액에 한해 손해배상책임을 부담하고, 손해배상액의 총액은 양수도대금의 [ ]%를 초과할 수 없다. 또한, 본 계약에 따라 매수인에게 발생한 손해액을 산정함에 있어서, 개별 항목별 손해액(여기서 개별 항목이란 그 자체로 손해배상청구를 가능하게 하는 각각의 사건을 의미)이 금 [ ]원 미만인 경우에는 본 계약상 손해액 산정의 대상에서 제외되고, 개별 항목별 손해액이 동 금액 이상인 경우에만 당해 손해액을 본 계약상 손해액 산정의 대상으로 한다.

제11조 (계약의 해제)

① 본 계약은 "종결일" 이전에 다음과 같은 사유가 있는 경우 해제될 수 있다.

1. 당사자들의 상호 서면 합의에 의해
2. "종결일"까지 당사자들이 이행하여야 할 의무가 이행되지 않은 경우, 의무를 위반한 당사자에게 상대방 당사자가 계약 해제의 서면통지를 함으로써,
3. 일방 당사자가 중대한 점에 있어 본 계약을 위반하고 상대방으로부터 그에 대한 서면통지를 접수한 후 [ ]일 이내에 위반사항을 시정하지 못할 경우, 의무를 위반한 당사자에게 상대방 당사자가 계약 해제의 서면통지를 함으로써,

② 어느 당사자가 제1항의 규정에 의하여 본 계약을 해제할 의사가 있는 경우, 상대방 당사자에게 서면으로 통지하여야 한다. 상대방이 통지를 접수하면, 각 당사자의 추가 조치 없이 본 계약은 해제된다.

③ 본 계약 체결 후 "종결일" 이전에 제1항에 따라 일방 당사자의 중대한 귀책사유로 인하여 본 계약이 해제되는 경우에도, 귀책사유 있는 당사자는 상대방에게 손해배상의 책임을 부담한다.

제12조 (손해배상의 예정)

제11조 제1항 및 제3항에 따라 "종결일" 이전에 발생한 어느 당사자의 귀책사유에 의하여 본 계약이 해제될 경우, 귀책사유 있는 당사자는 상대방에게 손해배상으로 금 [ ] 원을 지급하기로 한다.

제13조 (비밀유지의무)

당사자들은 본 계약의 내용 및 상대방 또는 본 계약에 따른 거래와 관련하여 제3자로부터 비밀유지를 전제로 받은 "회사"의 현황, 사업내용, 지분구조, 매수자에 대한 사항, 매수구조 등에 관한 정보(이하 "비밀정보")를 (i) 법규나 사법절차에 따라 또는 본 계약의 이행을 위하여 합리적으로 요구되는 범위 내에서 정부기관(한국거래소 등 준공공기관 포함)에 공개하거나, (ii) 본 계약과 동일한 비밀유지의무를 부담하거나 승인되지 아니한 당사자들에게 비밀정보를 공개하여서는 아니 되는 의무를 부담하는 자문사, 변호사, 회계사, 당사자들의 이사, 임직원 및 계열사(계열사의 임직원을 포함) 등에게 공개하는 경우를 제외하고 다른 제3자에게 공개하여서는 아니 된다. 비밀정보에는 본 조항 위반에 의하지 아니하고 공중이 이용할 수 있게 된 정보 또는 법규에 의하여 공개될 것이 요구되는 정보(자본시장 및 금융투자업에 관한 법령에 의한 것 포함)는 제외된다.

제14조 (세금 등)

본 계약 체결 및 이행과 관련하여 부과되는 세금, 공과금, 기타 부과금 및 제비용 등은 각 당사자가 부담하기로 한다.

제15조 (분쟁의 해결 및 관할 법원의 합의)

본 계약의 해석이나 적용에 관한 분쟁은 당사자간의 상호협력에 의하여 우호적으로 해결하고, 이에 의한 해결이 이루어지지 아니할 경우 서울중앙지방법원의 전속관할로 한다.

제16조 (기타)

① 본 계약에 명시되지 않은 사항은 관계법령 및 일반 상관례에 준하여 "갑"과 "을"이 협의하여 결정하며, 본 계약의 수정, 변경, 보완은 문서로써 각 당사자가 합의한 것만이 유효하다.

② 본 계약은 주식양수도에 관한 당사자들 간의 완전 합의를 구성하며, 본 계약에 정해진 사항을 제외한 구두 또는 서면에 우선한다. 다만, 당사자들은 본 계약의 체결과 동시에 본 계약에 부속한 합의서(주주간계약서를 포함한다)를 작성하기로 하며, 부속합의서는 본 계약의 일부를 구성한다.

③ 본 계약 중 어느 조항(문장, 문구 또는 그 일부를 포함하여)이 어느 면에서든 불법, 무효 또는 집행이 불가능하게 되는 경우, 나머지 조항들은 당사자들의 의도에 따라서 합리적으로 계속 의미를 가지게 되는 한 계속 유효하다.

④ 본 계약에 따른 통지는 서면(전자문서 포함)으로 하여야 하며, 다음에 기재된 주소, 이메일 또는 팩스번호로 발송함으로써 적법하게 통지의 효력이 발생하는 것으로 본다. "갑"에 대하여 다음 주소 및 번호로 통지가 전달된 경우 그 효력은 "갑" 전원에게 미친다.

"갑"에 대한 통지:

주소:

전화:

팩스:

이메일:

"을"에 대한 통지:

주소:

담당자:

전화:

팩스:

이메일 :

위 내용을 증명하기 위하여 당사자들은 본 계약서를 2통을 작성하여 각각 1통씩 보관한다.

20 . . .

"갑"

양도인 본인인 동시에 나머지 양도인들의 적법한 위임을 받은 대리인

P(주민등록번호 –)

[주소]

"을"

B주식회사

[주소]

대표이사 B′

(이하 별첨자료 생략)

3 영업양수도 방식

영업양수도계약서

본 영업양수도계약(이하 "본 계약")은 20 년 [ ]월 [ ]일 다음 당사자들 사이에서 체결되었다.

1. 대한민국 법률에 의거하여 설립 · 존속 중이고 [(주소)]에 등기된 본점을 두고 있는 [   ] (이하 "양도인");
2. 대한민국 법률에 의거하여 설립 · 존속 중이고 [(주소)]에 등기된 본점을 두고 있는 [   ] (이하 "양수인", 이하 양도인과 양수인을 총칭하여 "당사자들", 개별적으로 각 "당사자"라 함)

전 문

양도인은 양도인이 영위하고 있는 영업 중 [   ] 관련 영업(이하 "대상영업")을 본 계약에서 정하는 내용 및 조건에 따라 양수인에게 양도하고자 하며, 양수인은 양도인으로부터 이를 양수하고자 한다(이하 "본건 거래").

이에 당사자들은 아래와 같이 합의한다.

제1조 양수도 대상

(1) 영업 및 자산의 양수도. 양수인이 본건 거래를 통하여 양수하는 대상영업과 함께 양수하는 자산은 대상영업을 영위하기 위하여 사용하거나 필요로 하는 자산 중 다음의 자산("대상자산")을 말한다. 다만, 당사자들은 대상영업과 관련된 매출채권 · 매입채무 및 재고자산은 본 계약 제7조 제(2)항에서 별도로 합의한 방식에 따라 정리한다.

가. 별지1에 기재된 대상영업의 운영을 위해 사용되거나 사용을 위해 보유하고 있는 부동산에 대한 소유권, 전세권, 임차권 등 부동산에 관한 일체의 권리

나. 별지2에 기재된 유형동산에 대한 소유권; 유형동산이라 함은 대상영업을 위한 차량운반구, 장비, 시설, 가구, 집기비품, 도구, 컴퓨터 하드웨어 및 기타 모든 종류의 유체동산 일체를 의미한다.

다. 별지3에 기재된 대상영업 관련 지적재산권, 컴퓨터 소프트웨어 등에 대한 소유권 및 사용권

라. 별지4에 기재된 대상영업의 운영을 위해 사용되거나 사용을 위해 보유하고 있으며, 관련 법규에 따라 이전이 허용되는 모든 인허가

마. 대상영업과 관련된 채권, 채무로서 별지5에 기재된 것(단, 본 계약 제7조 제(2)항에서 별도로 채권 · 채무의 귀속에 대해 합의하고 있는 매출채권과 매입채무는 제외)

바. 그 외 대상영업의 운영을 위해 사용되거나 사용을 위해 보유하고 있는 모든 파일, 서류, 증서, 용지, 책자, 보고서, 기록, 테이프, 마이크로필름, 사진, 서신, 대장, 일지, 운영자료 및 계획, 영업서류 및 기타 이와 유사한 일체의 자료들

(2) 계약의 승계. 대상영업과 관련하여 양도인이 체결한 또는 체결할 계약 중 양수인이 본건 거래를 통하여 양도인으로부터 계약상 지위를 승계받는 계약("대상계약")은 별지6에 기재된 계약을 말한다.

(3) 근로자. 별지7에 기재된 본 계약일 현재의 대상영업 임직원("이전 근로자")은 해당 임직원 본인의 희망에 따라 양수인이 근로관계를 모두 승계하기로 한다.

제2조 양수도대금

본건 거래를 위한 양수도대금은 금 [ ]원(₩[ ])(부가가치세 별도)("양수도대금")으로 한다. 다만, 당사자들은 대상영업과 관련된 재고자산에 대한 대금은 양수도대금과 별도로 본 계약 제7조 제(2)항에서 합의한 방식에 따라 정산한다.

제3조 양수도대금의 지급

(1) 계약금. 양수인은 계약금으로서 본 계약일에 양도인에게 금 [ ](₩[ ])("계약금")을 양도인 명의의 계좌([은행], [계좌번호])에 송금하는 방식으로 지급한다.

(2) 잔금. 양수인은 양수도대금 중 계약금을 제외한 나머지 금액("잔금")을 제4조 제(1)항에서 정하는 거래종결일에 양도인이 지정하는 양도인 명의 계좌에 송금하는 방식으로 지급한다.

제4조 본건 거래의 종결

(1) 본건 거래의 종결. 본건 거래의 종결은 제5조에 규정된 선행조건들이 모두 충족되거나 당사자에 의하여 그 충족이 면제되는 것을 조건으로 하여 20 년 [ ]월 [ ]일 또는 당사자들이 달리 합의하는 날(이하 "거래종결일")에 [양도인의 본점]에서 하기로 한다.

(2) 양도인의 이행사항. 양도인은 거래종결일에 양수인이 다음 각 호의 의무사항을 이행하기로 한다.

가. 양도인은 대상자산 중 점유의 이전이 필요한 자산의 점유(간접점유를 포함함)를 양수인에게 이전한다.

나. 양도인은 대상자산 중 그 이전을 위하여 등기, 등록, 신고 등이 필요한 자산의 경우 그 등기, 등록, 신고 등에 필요한 일체의 서류를

양수인에게 교부한다.

다. 양도인은 별지3에 기재된 지적재산권 및 소프트웨어 등에 대한 소유권 및 사용권 이전에 필요한 서류를 교부한다.

라. 양도인은 별지4에 기재된 인허가증 및 인허가의 이전에 필요한 일체의 서류를 양수인에게 교부한다.

마. 양도인은 별지5에 기재된 채권 및 채무에 대하여, 채권의 경우에는 채무자에 대한 확정일자 있는 증서에 의한 채권양도의 통지서, 채무의 경우에는 채권자의 동의서를 양수인에게 교부한다.

바. 양도인은 별지6에 기재된 대상계약의 이전에 관하여, 대상계약상 다른 당사자들의 동의서(보증인 등이 있는 경우 보증인 등의 동의서 포함. 또한, 본건 거래로 인하여 계약 상대방이 별도의 계약 해제 · 해지권을 가지게 되는 경우, 그 권리의 포기에 관한 내용이 동의서 내에 포함되어야 함)를 양수인에게 교부한다.

사. 양도인은 제5조 제(2)항 각 호의 선행조건의 이행이 완료되었다는 것을 증명하는 각 서류의 원본 또는 사본, 및 기타 본건 거래의 종결을 위하여 양수인이 합리적으로 요청하는 서류를 양수인에게 교부한다.

(3) 양수인의 이행사항. 양수인은 거래종결일에 잔금 및 제3조 제(3)항의 부가가치세 상당액을 양도인이 지정하는 양도인 명의의 계좌에 송금하는 방식으로 지급한다.

제5조 선행조건

(1) 양도인의 선행조건. 양도인이 본건 거래를 종결할 의무는 거래종결일까지 다음 각 호의 사항이 충족 또는 준수되는 것을 선행조건으로 한다. 다만, 양도인은 다음 사항 중 전부 또는 일부를 면제함으로써 선행조건으로 이를 요구하지 않을 수 있다.

가. 양수인이 본건 거래에 필요한 모든 내부 승인 절차를 거쳤을 것

나. 양수인의 본 계약 체결 및 이행에 필요한 정부 인허가 및 대상계약의 이전과 관련하여 정부 또는 제3자로부터 모든 동의와 승인을 취득하였을 것

(2) 양수인의 선행조건. 양수인이 본건 거래를 종결할 의무는 거래종결일까시 나음 삭 호의 사항이 충족 또는 준수되는 것을 선행조건으로 한다. 다만, 양수인은 다음 사항 중 전부 또는 일부를 면제함으로써 선행조건으로 이를 요구하지 않을 수 있다.

가. 양도인이 본건 거래에 필요한 모든 내부 승인 절차를 거쳤을 것

나. 양도인의 본 계약 체결 및 이행에 필요한 정부 인허가 및 대상계약의 이전과 관련하여 정부 또는 제3자로부터 모든 동의와 승인을 취득하였을 것

제6조 진술 및 보장

각 당사자는 본 계약 체결일 및 거래종결일을 기준으로 하여 상대방 당사자에게 다음과 같이 진술 및 보장한다.

(1) 양도인의 진술 및 보장

가. 양도인은 대한민국 법률에 의하여 적법하게 설립되어 유효하게 존속하는 법인이고, 양도인은 본 계약을 체결하고 이행할 수 있는 적법한 권한을 가지고 있다.

나. 양도인은 본건 거래를 위한 모든 내부 승인 절차를 거쳤고, 거래종결일까지 본 계약의 체결 및 이행에 필요한 제3자의 승인 또는 동의를 얻었으며, 그 외 승인 또는 동의 등은 필요하지 아니하다.

다. 양도인은 대상자산과 관련하여 적법하고 완전한 소유권 기타 처분권한을 가지고 있다.

(2) 양수인의 진술 및 보장

가. 양수인은 대한민국 법률에 의하여 적법하게 설립되어 유효하게 존속하는 법인이고, 양수인은 본 계약을 체결하고 이행할 수 있는 적법한 권한을 가지고 있다.

나. 양수인은 본건 거래를 위한 모든 내부 승인 절차를 거쳤고, 거래종결일까지 본 계약의 체결 및 이행에 필요한 제3자의 승인 또는 동의를 얻었으며, 그 외 승인 또는 동의 등은 필요하지 아니하다.

제7조 확약 등

(1) 대상자산의 이전. 양도인이 양수인에게 대상자산의 소유권을 담보권 등 일체의 부담이 없는 상태로 이전한다.

(2) 매출채권 · 매입채무 및 재고자산의 정리.

가. 대상영업과 관련하여 거래종결일 전일 24:00까지 양도인의 거래처로부터 양도인 명의로 발생된 매출채권 및 매입채무(지급어음, 외상매입금, 미지급금 등을 포함)는 양도인에게 귀속된다.

나. 양도인이 대상영업과 관련하여 보관중인 재고자산(이하 "기존 재고자산")에 대해, 양수인은 거래종결일 이전에 당사자들간 합의된 합리적인 방법으로 기존 재고자산을 실사하여 그 수량과 금액을 확정한 후, 거래종결일 당일 제3조 제(3)항의 잔금과 별도로 기존 재고자산에 대한 대금을 양도인에게 지급하고, 기존 재고자산을 양도인으로부터 인수한다.

다. 본 계약 체결 이전 양도인의 책임으로 관련 계약이 체결되었으나 거래종결일 이후 대상영업과 관련하여 입고된 재고자산(이하 "추가 재고자산")에 대해서도, 양수인은 당사자들간 합의된 합리적인 방법으로 추가 재고자산을 실사하여 그 수량과 금액을 확정한 후, 입고일로부터 [ ]영업일 이내에 추가 재고자산에 대한 대금을 양도인에게 지급하고, 추가 재고자산을 양도인으로부터 인수한다.

(3) 기타 정산.

가. 대상영업과 관련된 제반 비용(전기료, 전화료, 상하수도료, 가스료 등을 포함하되 이에 한정되지 아니함)은 거래종결일 전일 24:00까지 양도인이 부담하고, 그 이후에는 양수인이 부담한다. 위와 같은 정산 금액은, 거래종결일에 각 실제 소비량을 측정한 다음, 거래종결일의 다음 영업일에 지급되어야 한다.

나. 대상자산의 소유와 관련하여 부과되는 지방세법상의 세금 중 부과기준일이 거래종결일 이후인 세금은, 양수인의 부담으로 한다.

(4) 경업금지의무. 양도인은 직접 또는 간접적으로 대상영업을 영위하지 않을 것을 확약하며, 양수인에 대하여 경업금지의무를 부담한다.

제8조 해제

(1) 해제 사유. 본 계약은 거래종결일 이전에 아래와 같은 사유로 해제될 수 있다.

가. 당사자들이 본 계약을 해제하기로 합의한 때, 본 계약은 즉시 혹은 당사자들이 달리 정한 시기에 해제된다.

나. 당사자 일방이 본 계약에서 정한 의무(각 당사자의 진술 및 보장사항 기타 본 계약상의 모든 의무를 포함한다)를 위반하고, 상대방이 이에 대해 [ ]일 간의 유예기간을 정하여 그 치유를 요구하였음에도 불구하고 위 기간 내에 위반사항이 치유되지 아니하는 경우, 본 계약을 위반하지 아니한 당사자는 서면통지로 본 계약을 즉시 해제할 수 있다.

다. 당사자 일방은 다른 당사자의 계약불이행으로 인하여 거래종결일까지 본건 거래가 종결될 수 없는 것이 객관적으로 명백한 경우에는 별도의 최고 없이 상대방에 대한 서면 통지로써 본 계약을 해제할 수 있다.

(2) 위약금. 거래종결일 이전에 양도인의 채무불이행 사유가 아닌 다른 사유로 인하여 본 계약이 해제되는 경우에는 양도인은 제3조 제(1)항의 계약금을 위약금으로 몰취하고, 양도인의 채무불이행 사유로 본 계약이 해제되는 경우에는 양도인은 양수인에게 제3조에 따라 지급받은 양수도대금 전액을 반환함과 동시에 제3조 제(1)항의 계약금과 동일한 금액을 위약금으로 양수인에게 지급한다.

제9조 손해배상

일방 당사자는 본 계약상 의무를 전부 또는 완전하게 이행하지 않음으로써, 상대방 당사자가 손해 또는 손실을 입거나 비용을 지출하게 된 경우, 그 손해, 손실 또는 비용을 배상하여야 한다.

제10조 기타

(1) 통지. 본 계약에 따른 통지, 요청, 동의, 청구 기타 연락은 서면으로 하여야 하고, 다음 주소 및 번호로 또는 일방 당사자가 상대방 당사자에게 본 항의 방법으로 통지하여 지정한 주소 또는 및 번호로 인편, 특송우편(express courier), 등기우편, 또는 팩시밀리 송신으로 전달된다. 달리 입증되지 않는 한, 본 계약에 따른 모든 통지, 요구, 요청, 동의 기타 연락은 인편 전달의 경우 전달시, 특송우편의 경우 발송일로부터 2일후, 등기우편의 경우 발송일로부터 5일후, 팩시밀리 송신의 경우 수신인의 수신 확인시 전해진 것으로 간주된다.

양도인에 대하여:

주소: [ ]

수신인: [ ]

팩스: [ ]

양수인에 대하여:

주소: [ ]

수신인: [ ]

팩스: [ ]

(1) 준거법. 본 계약 그리고 이로부터 또는 이와 관련하여 발생하는 모든 분쟁은 한국의 법령에 의하여 규율, 해석 및 집행된다.

(2) 분쟁 해결. 본 계약과 관련하여 분쟁이 발생하는 경우 각 당사자는 선의에 기초한 협의를 통해 해결책을 모색한다. 이러한 협의에도 불구하고 분쟁이 해결되지 않는 경우, 이는 서울중앙지방법원을 제1심 전속관할로 하는 재판에 의해 해결한다.

(3) 양도. 일방 당사자는 상대방 당사자의 사전 서면 동의 없이 본 계약 또는 이에 따른 권리 또는 의무를 양도 또는 이전할 수 없다. 단, 양 당사자간의 합의에 의해 본 계약이 제3자에게 양도되는 경우, 본 계약을 승계한 제3자는 본 계약상 지위, 권리 및 의무를 승계한다.

(4) 비밀유지. 당사자들은 상대방 당사자의 사전 서면동의 없이는 본 계약의 체결 사실, 본 계약의 내용 및 본 계약과 관련하여 알게 된 상대방 당사자의 영업상 비밀을 본 계약의 이행 이외의 목적으로 사용하거나 제3자에게 제공하여서는 아니 되며, 임직원과 대리인 등에 의하여 유출되지 아니하도록 하여야 한다. 단, 법령에 의한 공개 또는 제공은 예외로 한다

본 계약이 적법하게 체결된 증거로 당사자들은 계약서 2통을 작성하여 본 계약 모두에 명시된 일자에 본 계약을 체결하고 각자 1통씩 보관한다.

20 . . .

양도인

[ ]

대표이사 [ ] (인)

양수인

[ ]

대표이사 [ ] (인)

[별지 1]

대상자산 중 부동산에 관한 권리 목록

[별지 2]

대상자산 중 유형동산 목록

[별지 3]

대상자산 중 지적재산권, 컴퓨터 소프트웨어 등의 목록

[별지 4]

대상영업의 운영을 위한 인허가 목록

[별지 5]

대상영업과 관련된 채권 · 채무 목록

[별지 6]

대상영업과 관련하여 양수인이 계약상 지위를 승계받는 계약의 목록

[별지 7]

이전 근로자 목록

4 주주간 계약서

주주간 계약

본 주주간 계약(이하 "본 계약")은 아래 당사자들 사이에 20 년 월 일(이하 "본 계약 체결일") 체결되었다.

1. [ ]에 주소를 두고 있는 주식회사 A(이하 "투자자")

2. [ ]에 주소를 두고 있는 B

3. [ ]에 주소를 두고 있는 C

4. [ ]에 주소를 두고 있는 D(이하 2내지 4의 당사자들을 개별적으로 "기존주주", 총칭하여 "기존주주들")

5. [ ]에 본점을 두고 있는 주식회사 E(이하 "대상회사")

(이하 투자자, 기존주주 및 대상회사를 개별적으로 "(각) 당사자", 총칭하여 "당사자들"; 본 계약에서 "상대방 당사자"란 투자자의 입장에서는 기존주주와 대상회사를, 기존주주와 대상회사의 입장에서는 투자자를 각 의미함)

전 문

가. 대상회사는 [ ]업을 영위하는 회사이고, 기존주주는 본 계약 체결일 현재 대상회사가 발행한 액면가 금 [ ]원의 보통주식 [ ]주 중 합계 [ ]주(발행주식총수 대비 약 [ ]%)를 보유하고 있으며, 본건 거래(아래에 정의)의 종결 이후에는 [ ]주(발행주식총수 대비 약 [ ]%)를 보유하게 된다.

나. 본 계약 체결일에 기존주주 및 대상회사의 기타 주주들이 투자자에게 보통주식 구주 [ ]주를 1주당 금 [ ]원에 매도하고 투자자가 이를 매수하며, 대상회사가 투자자에게 보통주식 [ ]주를 1주당 금

[　　]원에 발행하고 투자자가 이를 인수하기로 하는 신주인수 및 주식 매매 계약(이하 "본건 투자계약"이라 하고, 이에 따른 거래를 "본건 거래")을 체결하였다.

이에 당사자들은 본건 거래의 종결 이후 대상회사의 운영 및 대상회사의 주주로서의 권리 · 의무에 관한 사항 등을 정하기 위하여 다음과 같이 합의한다.

제1조 일반사항 및 당사자들의 지분비율

1.1 용어의 정의. 본 계약에서 사용되는 용어들은 본 계약상 달리 정의되거나 문맥상 명백히 달리 해석되지 않는 한 본건 투자계약에서 정의된 바와 같은 의미를 갖는다.

1.2 해석. 문맥상 요구되는 경우, 본 계약에서 사용되는 단수로 쓰인 단어는 문맥상 필요한 경우 복수의 의미도 가지는 것으로 해석되고, 그 반대도 동일하다. 본 계약에서 조, 항, 호 및 별지를 언급하는 경우 각각 본 계약의 조, 항, 호 및 별지를 의미한다. 본 계약상 "포함"이라는 단어는 "포함하되, 이에 한정되지 아니한다"는 의미이다.

1.3 대상회사의 주식 소유. 당사자들은 본건 거래의 종결일 익일 기준 투자자와 기존주주의 대상회사 주식 소유 현황은 다음과 같음을 확인한다.

주주	주식의 종류	주식수	지분비율
투자자			
B			
C			
D			
합계			

제2조 대상회사의 조직 및 운영

2.1 이사회의 구성, 감사 등의 선임.

(1) 대상회사의 이사는 총 [ ]인으로 하며, 이 중 [ ]인은 투자자가 지명한 사람을, [ ]인은 기존주주가 지명한 사람을 선임한다. 기존주주가 지명한 [ ]은 기존주주 B와 기존주주 C로 하며 만약 기존주주 B 및/또는 기존주주 C가 이사로 선임되지 못할 사유가 있는 경우에는, B, C가 각 지명한 사람을 이사로 한다. 각 당사자는 다른 당사자가 지명하는 후보자가 대상회사의 이사로 선임되도록 주주총회의 개최, 주주총회 및/또는 이사회에서의 의결권 행사 등 모든 필요한 협조를 하여야 한다.

(2) 대상회사의 감사는 1인으로 하며 투자자가 지명한다.

(3) 기존주주와 투자자는 자신이 지명한 이사 및 감사가 사임, 해임, 임기만료 등 여하한 사유로 퇴임하는 경우 그 후임자를 지명할 권리가 있고, 지명한 이사 및 감사를 변경할 권리가 있다. 각 당사자는 다른 당사자가 지명한 후임자가 대상회사의 이사 및 감사로 선임되고 등기되도록 주주총회 개최 및 의결권 행사, 자신이 지명한 이사를 통한 이사회에서의 의결권 행사 등 필요한 모든 협조를 제공하여야 한다. 다만, 기존주주와 투자자는 자신이 지명한 이사 및 감사의 임기 만료 전 교체로 인하여 해당 이사 및 감사에 대한 손해배상 책임이 대상회사에 발생하지 않도록 필요한 조치를 하고 대상회사를 면책시켜야 한다.

(4) 투자자는 회사의 CFO(최고재무책임자) 1인을 지명할 권한을 가진다. 기존주주 및 회사는 투자자가 지명한 사람이 회사의 CFO로 근무하기 위하여 필요한 조치를 하여야 한다.

2.2. 이사회의 운영.

(1) 이사회는 관련 법령과 대상회사의 정관에 따라 대상회사의 주요 사항을 결의할 권한을 가지며, 상법 및 관련 법령에서 달리 정하는 경우를 제외하고는 재적 이사의 과반수의 출석으로 개최되며 출석 이사 과반수의 찬성으로 결의한다. 다만, 다음 각 호의 사항은 대상회사의 정관상 명시적인 규정이 없더라도 이사회의 결의사항으로 한다.

1.
2.
3.

(2) 이사회의 의장은 대상회사의 대표이사(CEO)로 한다. 다만, 대표이사 유고 시에는 투자자가 지명한 이사들 중 1인이 이사회의 의장이 된다.

(3) 이사회는 대표이사가 소집하며, 본 조에 따라 이사회를 소집하는 자는 이사회 개최일 [ ]일 전까지 각 이사와 감사에게 의안을 기재한 서면으로써 소집통지를 하여야 한다. 다만, 이사와 감사 전원의 동의가 있을 경우 본 조에 따른 이사회 소집절차를 생략하거나 소집통지기간을 단축할 수 있다.

(4) 각 이사는 의안을 기재한 서면 통지로써 대표이사에게 이사회의 소집을 요청할 수 있으며, 대표이사가 해당 통지를 받은 날로부터 [ ]일 내에 이사회를 소집하지 아니할 경우, 그 통지를 한 이사가 본 조에 따라 이사회를 소집할 수 있다.

(5) 당사자들은 관련 법령상 허용되는 범위에서 각자가 지명한 이사들이 본 계약을 준수하여 이사회에서 의결권을 행사하고 기타 이사들이 행사할 수 있는 권리를 행사하도록 하여야 한다. 당사자들은 각자가 지명한 이사가 본 계약을 준수하여 이사회에서

의결권을 행사하거나 기타 권리를 행사하지 않는 경우 제2.1조 제(3)항에 따라 즉시 해당 이사를 해임하고 대체 이사를 지명해야 한다

2.3. 대표이사의 선임 등.

(1) 대상회사의 대표이사(CEO)의 지명권과 해임권은 투자자가 보유한다. 본건 거래의 종결 후 최초로 선임되는 대표이사는 기존 주주 B로 하며 B는 그로부터 [ ]년의 기간 동안 대표이사로 재직할 의무를 부담한다.

(2) 대표이사는 본 계약의 효력발생일 이후 정관 및 상법 등 관련 법령이 허용하는 범위 내에서 다음 각 호에 기재된 사항에 대한 권한을 갖는다.

1.
2.
3.

(3) 대표이사는 대상회사가 경영계획을 달성할 수 있도록 최선의 노력을 다하여야 하고, 대상회사로 하여금 관련 법령을 준수하고 통상적인 영업과정에 부합하는 방법으로 영업을 수행하며, 기존의 조직, 고용관계, 고객관계 및 계약관계가 적절하게 유지될 수 있도록 최선의 노력을 다하여야 한다. 또한 대상회사의 영업, 재산, 또는 장래의 전망에 부정적인 영향을 미치는 사유나 상황이 발생하지 않도록 선량한 관리자의 의무 및 경업금지의무를 이행하여야 한다.

2.4. 경영계획 및 정보제공

(1) 회사의 연간 경영계획은 본건 거래시 회사가 수립한 사업계획을 기초로 수립하여 매년 이사회 승인을 통해 확정한다.

(2) 대표이사는 매년 투자자가 요청하는 일자까지 익년도 연간경영 계획을 투자자 및/또는 투자자가 지정하는 자에게 제출한다.

(3) 대표이사는 대상회사에 중대한 부정적 영향 및 여하한 주요 경영 사항이 발생한 경우 지체없이 이를 투자자에 통지하여야 한다.

2.5. 정관개정 등. 당사자들의 합의에 의한 본 계약의 체결 및 기타 여하한 사유로 본 계약의 내용과 회사의 정관 사이에 불일치나 모순이 있는 경우, 당사자 간에는 본 계약의 내용이 우선하며, 당사자들은 대상회사의 정관, 이사회 규정 및 기타 내부규정을 본 계약에 합치하도록 제정, 유지 및 개정하여야 하며, 이를 위해 주주총회 개최 및 의결권 행사, 자신이 지명한 이사를 통한 이사회에서의 의결권 행사 등 필요한 조치를 취하여야 한다.

2.6. 주주총회

(1) 대상회사의 주주총회 결의는 상법상 보통결의요건에 따른다. 다만, 상법상 특별결의요건 등 법령상 보다 가중된 결의요건을 요하는 경우에는 그러하지 아니하다.

(2) 주주총회는 이사회의 결의로써 소집한다. 주주총회를 소집함에 있어서는 개최일, 장소 및 의안을 정하여 총회일 2주 전까지 각 주주에게 서면 또는 전자문서로 소집을 통지하여야 한다.

제3조 주식양도 제한

3.1. 본 계약에서 달리 정하는 경우를 제외하고, 기존주주 및 투자자는 각각 (i) 본 계약의 효력발생일로부터 [ ]년이 경과한 날까지(이하 "양도제한기간") 상대방 당사자(명확히 하면 기존주주들의 상대방 당사자는 투자자이고 투자자의 상대방 당사자는 기존주주들임)의 사전 서면 동의 없이 그 보유하는 대상회사 주식을 제3자에게 양도할 수 없다. 또한 양도제한기간이 경과한 후에도 양도를 추진

하는 시점을 기준으로 기존주주들은 투자자가 영위하는 사업과 직 · 간접적으로 경쟁관계에 있는 영업활동을 내용으로 하는 사업을 영위하는 자에 대해서는 그 보유하는 대상회사 주식을 양도할 수 없으며, 투자자는 대상회사가 영위하는 사업과 직 · 간접적으로 경쟁관계에 있는 영업활동을 내용으로 하는 사업을 영위하는 자에 대해서는 그 보유하는 대상회사 주식을 양도할 수 없다.

3.2. 당사자들 중 양도제한기간이 경과한 후 자신이 보유하는 대상회사 주식의 전부 또는 일부(이하 "양도대상주식")를 제3자에게 양도하고자 하는 당사자(이하 "양도당사자")는 합리적인 조건으로 양수도 거래를 진행하여야 하며 양도대상주식을 양수하려는 제3자{진정한(bona fide) 양수인이어야 하며, 이하 "잠재적 양수인"}와 주식양도계약을 체결하기 [ ]영업일 전까지 상대방 당사자에게 (i) 잠재적 양수인의 인적 사항, (ii) 양도대상주식의 수량 및 (iii) 양도대금(1주당 가액 포함)을 포함한 주요 양도조건을 서면으로 통지(이하 "양도통지")하여야 한다. 양도당사자는 양도통지 후에 주요 양도조건이 변경된 경우 본 항에 따라 다시 양도통지를 하여야 한다.

3.3. 일방 당사자가 양도제한기간이 경과한 후 양도대상주식을 잠재적 양수인에게 양도하는 경우, (i) 양도당사자 보유 주식의 전부를 양도하는 경우, 잠재적 양수인으로부터 주식 양도의 선행조건으로서 양도당사자의 본 계약상 권리, 의무를 잠재적 양수인이 승계한다는 확약서를 징구하여 상대방 당사자에게 제출하여야 하고, 그 경우 양도당사자의 본 계약상 권리, 의무는 잠재적 양수인에게 귀속되고, 그에 따라 본 계약은 변경된 것으로 간주되며, (ii) 양도당사자 보유 주식의 일부를 양도하여 당사자들의 대상회사에 대한 지분율이 변경되는 경우, 양도당사자와 잠재적 양수인은 주식 양도의 선행조건으로서 양도당사자의 본 계약상 권리, 의무를 공동으로 행사 및 부담하겠다는 내용의 확약서를 상대방 당사자에게 제출하고, 나아가 당사자들 및 잠재적 양수인은 변경된 지분구조를 공정하게 반

영하는 내용으로 본계약의 변경계약을 체결하여야 한다.

3.4. 양도제한기간의 경과 전후를 불문하고, 당사자들은 상대방 당사자의 사전 서면 동의 없이 그 보유하는 대상회사 주식을 제3자에게 담보(질권, 양도담보를 포함하나 이에 한정하지 않으며, 이하 같다)로 제공할 수 없다.

3.5. 본 계약상 여하한 규정에도 불구하고, 투자자는 그 계열회사(독점규제 및 공정거래에 관한 법률상 정의에 따름, 이하 같음)에게는 본 조에 따른 제한 없이 언제든지 그 보유하는 대상회사 주식의 전부 또는 일부를 양도하거나 담보로 제공할 수 있다. 다만, 이 경우 투자자는 사전에 이를 기존주주들에게 통지하기로 한다.

제4조 투자자의 동반매도요구권(Drag-along Right)

4.1. 양도제한기간이 경과한 후 투자자가 그 보유하는 대상회사 주식 중 경영권 이전을 수반하는 주식을 잠재적 양수인(투자자의 계열회사를 제외하며, 이하 본 조에서 같다)에게 양도하고자 하는 경우, 투자자는 기존주주가 보유하고 있는 대상회사 주식 전부(이하 "동반매도주식")를 투자자와 잠재적 양수인 간의 양도조건과 동일한 조건으로 잠재적 양수인에게 동반 매도할 것을 요구할 수 있는 권리(이하 "동반매도요구권")를 갖는다.

4.2. 투자자가 동반매도요구권을 행사하고자 하는 경우, 양도통지에 그러한 동반매도요구권의 행사 의사를 명시하여야 한다. 양도통지에 아무런 의사표시를 하지 않은 경우에는 동반매도요구권을 행사하지 않은 것으로 본다.

(1) 투자자가 동반매도요구권을 행사하고 기존주주들이 제5.1조의 기간 내에 우선매수권을 행사하지 않은 경우, 기존주주들은 이에 관하여 어떠한 이의도 제기할 수 없고, 투자자가 행사한 동반매도가 완료되기 전까지 자신이 보유하고 있는 회사 주식 등

을 제3자에게 양도하여서는 아니 되며, 투자자와 잠재적 양수인 간의 양도 조건과 동일한 조건으로 투자자가 주도하는 바에 따라 해당 잠재적 양수인에게 자신이 보유하고 있는 주식 등 전부를 양도할 의무를 부담한다.

제5조 기존주주의 우선매수권(Right of First Refusal) 및 동반매각청구권 (Tag-along Right)

5.1. 양도제한기간이 경과한 후 투자자가 그 보유하는 대상회사 주식 중 경영권 이전을 수반하는 주식을 잠재적 양수인(투자자의 계열회사를 제외하며, 이하 본 조에서 같음)에게 양도하고자 하는 경우, 기존주주들은 양도통지를 수령한 날로부터 [ ]영업일 이내에 투자자에 대한 서면 통지를 통해, (i) 해당 양도대상주식 전부에 대하여 양도통지에 기재된 주당 양도가격과 같거나 높은 금액 및 양도통지에 기재된 양도조건보다 투자자에게 불리하지 아니한 조건으로 투자자의 양도 예정주식을 우선하여 매수할 수 있는 권리(이하 "우선매수권")를 행사하거나 (ii) 그 보유하는 회사 주식의 전부 또는 일부(본 조에서 "동반매각청구 대상주식")를 투자자와 잠재적 양수인 간의 양도조건과 동일한 조건으로 투자자가 양도하고자 하는 주식에 동반하여 잠재적 양수인에게 매도하여 줄 것을 요구할 수 있는 권리("동반매각청구권")를 행사할 수 있다(본 조의 목적상 기존주주들은 하나의 당사자로 간주하여 위 우선매수권 또는 동반매각청구권을 동일한 방향으로 공동으로 행사하여야 하며 상호 상이한 방향으로 행사할 수는 없음). 다만, 명확히 하면, 투자자가 제3.5조에 따라 계열회사에게 회사 주식을 양도하는 경우에는 본 조의 권리를 행사할 수 없다.

5.2. 기존주주들이 제5.1조의 기간 내에 우선매수권 또는 동반매각청구권을 행사한다는 서면 통지를 하지 아니하는 경우(우선매수권 또는 동반매각청구권 불행사를 서면 통지하는 경우를 포함함)에는 본 조

에 따른 우선매수권 또는 동반매각청구권을 행사하지 아니하는 것으로 본다. 기존주주들이 우선매수권 또는 동반매각청구권을 행사하지 아니한 경우, 투자자는 그로부터 [ ]영업일(다만, 필요한 정부승인을 받기 위하여 기간 연장이 요구되는 경우 그러한 기간까지 연장된다) 내에 양도대상주식 전부를 잠재적 양수인에게 양도할 수 있으며, 그 양도대상주식의 일부만을 양도할 수는 없다. 잠재적 양수인에게 양도대상주식을 양도하는 경우, 양도대금 및 기타 양도조건은 양도통지에 기재된 것보다 잠재적 양수인에게 더 유리하여서는 아니된다. 또한 위 기간 내에 위 양도거래의 종결이 이루어지지 않은 경우 투자자가 회사 주식을 양도하기 위해서는 다시 제3.2조 및 본 조에서 정한 절차를 밟아야 한다.

5.3. 기존주주들이 제5.1조에 따라 행사권자로서 우선매수권을 행사한 경우 그와 같은 우선매수권 행사의 서면 통지가 투자자에게 도달한 날에 당사자들 사이에 양도통지에 기재된 주당 가격 및 조건에 따라 주식양도계약이 체결된 것으로 간주되며, 당사자들은 그로부터 [ ]영업일(다만, 필요한 정부승인을 받기 위하여 기간 연장이 요구되는 경우 그러한 기간까지 연장된다) 이내에 동 주식양도계약에 따른 거래를 종결하여야 한다. 기존주주들 전부 또는 일부의 귀책사유로 위 기간내에 주식양도계약에 따른 거래가 종결되지 못하는 경우 기존주주들은 장래에 우선매수권 및 동반매각청구권의 권리를 상실한다.

5.4. 투자자는 동반매각청구권 행사통지를 받은 경우 동반매각청구권 대상주식을 양도대상주식의 주당 양도가격과 동일한 가격 및 양도대상주식의 그 밖의 양도조건보다 기존주주에게 불리하지 않은 조건으로 양수예정자에게 양도하여야 한다. 다만, 양수예정자가 양수하고자 하는 주식의 총 수량이 양도예정주식 및 동반매각청구권 대상주식의 합계에 미달하는 경우, 투자자와 기존주주들의 지분율에 비례하여(pro-rata) 안분 매각한다. 기존주주들은 잠재적 양수인과의

주식양도계약 체결 및 종결에 성실히 협조하고 양도에 소요되는 비용을 양도대금의 비율에 따라 분담하여야 한다.

제6조 투자자의 우선매수권(Right of First Refusal)

6.1. 양도제한기간이 경과한 후 기존주주들이 제3.2조에 따라 자신이 보유하는 대상회사 주식의 전부 또는 일부를 잠재적 양수인에게 양도하고자 하는 경우, 투자자는 양도통지를 수령한 날로부터 [ ]영업일 이내에 양도당사자에 대한 서면 통지를 통해 해당 양도대상주식 전부에 대한 우선매수권을 행사할 수 있다.

6.2. 투자자가 제6.1조의 기간 내에 우선매수권을 행사한다는 서면 통지를 하지 아니하는 경우(우선매수권 불행사를 서면 통지하는 경우를 포함)에는 본 조에 따른 우선매수권을 행사하지 아니하는 것으로 본다. 투자자가 우선매수권을 행사하지 아니한 경우, 양도당사자는 그로부터 [ ]영업일(다만, 필요한 정부승인을 받기 위하여 기간 연장이 요구되는 경우 그러한 기간까지 연장된다) 내에 양도대상주식 전부를 잠재적 양수인에게 양도할 수 있으며, 그 양도대상주식의 일부만을 양도할 수는 없다. 잠재적 양수인에게 양도대상주식을 양도하는 경우, 양도대금 및 기타 양도조건은 양도통지에 기재된 것보다 잠재적 양수인에게 더 유리하여서는 아니 된다. 또한 위 기간 내에 위 양도거래의 종결이 이루어지지 않은 경우에는 양도당사자가 회사 주식을 양도하기 위해서는 다시 본 조에서 정한 절차를 밟아야 한다.

6.3. 투자자가 제6.1조에 따라 우선매수권을 행사한 경우 그와 같은 우선매수권 행사의 서면 통지가 양도당사자에게 도달한 날에 양도당사자와 투자자 사이에 양도통지에 기재된 주당 가격 및 조건에 따라 주식양도계약이 체결된 것으로 간주되며, 양도당사자와 투자자는 그로부터 [ ]영업일(다만, 필요한 정부승인을 받기 위하여 기

간 연장이 요구되는 경우 그러한 기간까지 연장된다) 이내에 동 주식양도계약에 따른 거래를 종결하여야 한다.

제7조 신주인수권

7.1. 법률 및 본 계약에 따라, 대상회사가 새로운 주식, 전환사채, 신주인수권부사채 또는 주식 관련 증권이나 기타 유가증권 및 권리(이하 "지분증권")를 발행하는 경우, 기존주주 및 투자자는 자신이 보유한 주식 수에 비례하여 지분증권을 인수할 권한을 가진다.

7.2. 본 조에 따른 신주 등의 발행으로 인해 투자자 및 기존주주들이 보유한 대상회사 주식 수가 변동되는 경우, 당사자들은 그러한 지분비율의 변동을 공정하게 반영하여 투자자 및 기존주주들이 각각 지명할 수 있는 이사의 수 등에 관한 본 계약의 내용 및 회사의 정관을 변경하기로 한다.

제8조 경업금지

8.1. 기존주주들은 퇴직일(대상회사의 임직원으로 재직하는 기존주주에 한정함)까지, 투자자의 사전 서면 동의 없이, 국내 및 국외에서, 직접 또는 특수관계인을 통하여 간접적으로, (가) 회사 또는 투자자가 행위 당시 영위하는 사업과 동일하거나 유사한 업종(명확히 하면 회사 및 투자자의 정관상 목적을 포함함) 및 해당 사업과 직 · 간접적으로 경쟁관계에 있는 영업활동을 내용으로 하는 사업(이하 "경쟁사업")을 영위하거나, (나) 경쟁사업을 영위하는 회사 또는 법인의 지분(지분으로 전환 · 교환을 요구하거나 지분의 발행을 요구할 수 있는 선택권이 부여된 증권을 취득하는 경우를 포함함)을 취득하거나, (다) 대가 수령 여부를 불문하고 경쟁사업을 영위하는 사업자, 회사 또는 법인 등에게 경쟁사업에 대한 경영자문, 컨설턴트, 고문, 경쟁사업만을 주된 목적 또는 내용으로 하는 용역 또는 상품

의 제공 또는 그와 유사한 형태로 관여하는 행위를 하거나, (라) 위 (가) 내지 (다)의 행위를 위한 협의, 합의 또는 약속을 하여서는 아니된다.

8.2. 기존주주는 투자자 및/또는 대상회사의 임직원을 고용 목적으로 유인 또는 채용하지 않도록 하여야 한다.

8.3. 기존주주들은 본 조에 규정된 경업행위 등이 금지되는 기간이 경과한 이후 어느 때이든지 제3자와 함께 경업행위 등을 하고자 할 경우에는, 투자자가 제3자보다 우선하여 해당 경업행위 등을 공동으로 수행하거나 이에 참여하거나 기타 협력 또는 제휴를 협의할 수 있도록 미리 투자자에게 최우선적으로 그에 관한 서면 제안을 하여야 한다.

제9조 비밀유지

9.1. <u>비밀유지 의무</u>. 당사자들은 본 계약 체결과 관련하여 수령 또는 취득한 다음과 관련된 정보를 엄격하게 비밀로 취급하고 이를 공개하거나 또는 본 계약상 목적 이외의 목적으로 이용하지 않아야 한다.

(1) 본 계약 및 본건 투자계약의 존재 및 그 내용

(2) 본 계약 및 본건 투자계약과 관련한 협상 내용

9.2. <u>비밀유지 의무의 예외</u>. 제11.1조에도 불구하고 다음 각 항의 어느 하나에 해당하는 경우에는 정보의 공개 및 이용이 허용된다.

(3) 관련 법령, 한국거래소 또는 정부기관에 의하여 공개 또는 이용이 요구되는 경우;

(4) 본 계약 또는 본 계약에 따라 체결된 기타 계약으로부터 발생된 사법절차 또는 행정절차에서 공개 또는 이용이 요구되는 경우;

(5) 공개되는 정보에 관하여 본 계약 당사자와 마찬가지로 본 조를

준수할 의무의 부담을 전제로, 비밀정보를 알 필요가 있는 자신의 특수관계인, 금융기관 등 자금제공자 또는 자신, 특수관계인, 자금제공자 각각의 임직원 또는 자문사에게 정보를 제공하는 경우;

(6) 본 계약 위반 없이 해당 정보가 이미 공개된 경우.

다만, 위 제(1)항 또는 제(2)항에 따라 정보를 공개하거나 이용하기 이전에, 관련 당사자는 상대방 당사자가 (i) 그 공개 또는 이용에 관하여 이의를 제기하거나 (ii) 공개 또는 이용의 시기 및 내용에 관한 협의 및 합의를 할 수 있도록, 상대방 당사자에게 즉시 이를 통지하고 그에 관해 협의하여야 한다.

제10조 계약의 효력발생

본 계약은 본건 거래의 종결일에 효력이 발생한다.

제11조 계약의 해지

11.1. 해지. 어느 당사자(각 항에 당사자가 특정된 경우 해당 당사자를 의미; 이하 본 조에서 "귀책당사자")에게 다음 각 항의 사유 중 어느 하나가 발생하는 경우 상대방(각 항에 당사자가 특정된 경우 해당 당사자에 한정) 당사자는 귀책당사자에 대한 서면통지로 본 계약을 해지할 수 있다. 본 조의 목적상 기존주주들은 하나의 당사자로 보며, 기존주주들은 그들 상호간에 해지사유가 발생하였다고 하더라도 본계약을 해지할 수 없으며, 한편 투자자는 그 의사에 따라 기존주주들 전부 또는 일부에 대하여 본 계약을 해지할 수 있다.

(1) 본 계약을 중대하게 위반한 경우(다만, 해당 위반사항에 대하여 시정이 가능할 때에는 상대방 당사자로부터 해당 위반사항에 대한 시정요구를 받고도 [   ]영업일 이내에 당해 위반사항을 치유하지 않는 경우)

(2) 제3자의 신청으로 또는 당사자의 자발적인 신청으로 당사자 일방에 대하여 파산, 해산, 청산, 채무자회생 절차 기타 이에 준하는 절차가 개시되고 30일 이내에 해당 절차가 취소 또는 철회되지 아니하여 대상회사가 사업을 정상적으로 수행할 수 없거나, 법령에 따른 지분의 변동 등으로 본 계약을 이행할 수 없는 경우

(3) 어느 당사자가 본 계약을 위반하지 아니하고 대상회사 주식을 보유하지 않게 되는 경우, 그 당사자는 그 때로부터 즉시 본 계약상 당사자로서의 지위 및 권리를 상실하고 그 당사자에 대한 관계에서 본 계약은 즉시 해지된다.

11.2 해지의 효과. 본 계약이 해지된 경우 본 계약은 즉시 효력을 상실하며, 당사자들의 본 계약상의 권리, 의무는 소멸하여 당사자들은 더 이상 본 계약에 따른 의무를 부담하지 아니한다. 다만, 제9조, 제11조 및 제12조는 본 계약 해지 후에도 계속하여 효력을 유지하고, 본 계약의 해지는 해지의 효력발생일 이전에 이미 발생한 당사자들의 권리나 의무에 영향을 미치지 아니하며, 당사자가 해지로 인하여 또는 해지와 관련하여 법률에 의하여 보유하는 어떠한 권리에 대한 포기나 면제를 구성하는 것으로 간주되지 아니한다.

제12조 손해배상 등

12.1. 손해배상. 당사자들은 본 계약의 내용과 배치되는 행위를 하지 않아야 하며, 본 계약에서 정한 내용을 위반한 당사자는 그로 인하여 손해를 입은 당사자에게 손해를 배상하여야 한다. 귀책당사자는 본 계약의 해지로 인하여 상대방 당사자에게 발생한 손해를 배상하여야 한다. 단 기존주주들 중 귀책당사자를 특정할 수 없는 경우에는 투자자의 손해에 관하여 기존주주들은 투자자에 대한 손해배상책임을 연대하여 부담한다.

12.2. 위약벌. 다음 각 항의 위반이 발생한 경우 위반 당사자는 손해배상에 추가하여 다음 각 항이 정하는 위약벌을 상대방 당사자에게 추가로 지급하여야 한다.

(1) 투자자 또는 기존주주들의 전부 또는 일부가 제3조(주식양도 제한)의 의무를 위반하여 그 보유 주식의 전부나 일부를 양도하거나 담보제공을 한 경우, 위반당사자는 (i) 해당 주식에 본건 거래계약에서의 일(1)주당 주식매매가격을 곱한 금액과 (ii) 해당 주식에 대한 양도대금(담보제공의 경우에는 피담보채권액) 중 더 큰 금액의 [ ]배에 해당하는 금액 및 이에 대하여 본건 거래계약의 거래종결일로부터 위약벌 전액을 지급하는 날까지의 연[ ]%에 따른 이자를 가산한 금액을 위약벌로서 상대방 당사자에게 지급하여야 한다. 당사자들은 본 항의 위약벌이 손해배상액의 예정이 아닌 위약벌로서 합리적이고 적정한 금액임을 확인하며, 이에 대하여 향후 일체 이의를 제기하지 아니하기로 한다

(2) 투자자 또는 기존주주들의 전부 또는 일부가 제8조(경업금지)를 위반하는 경우, 위반한 기존주주는 (i) 본건 거래계약에 따른 대상주식의 매매대금의 [ ]%와 (ii) [ ]원 중 더 큰 금액을 위약벌로서 투자자에게 지급하여야 한다. 당사자들은 본 항의 위약벌이 손해배상액의 예정이 아닌 위약벌로서 합리적이고 적정한 금액임을 확인하며, 이에 대하여 향후 일체 이의를 제기하지 아니하기로 한다.

제13조 기타 조항

13.1 지연손해금. 본 계약에 따른 금전지급의무의 이행이 지연되는 경우 해당 의무를 이행하여야 하는 날부터 해당 의무를 실제로 이행한 날의 전일까지 기간에 대해 연 [ ]%의 비율에 의하여 산정한

지연손해금을 함께 지급하여야 한다.

13.2. 통지. 본 계약에서 달리 정하고 있는 경우를 제외하고, 본 계약에 따른 통지는 서면으로 하여야 하고, 인편, 등기우편, 택배서비스 또는 이메일로 송부되어야 한다. 본 계약에 따른 모든 통지는 다른 당사자에게 도달한 때에 효력이 발생하며, 다른 명백한 증거가 없는 한 (i) 등기우편 또는 수령확인증이 송부되는 배달증명우편에 의하여 전달되는 경우에는 송부된 것을 수령한 날, (ii) 인편 또는 인지도가 있는 상업서류 송달회사에 의해 전달되는 경우에는 전달된 것을 수령한 날, (iii) 이메일로 발송된 때에는 수령인으로부터 수령확인을 받은 날에 각각 도달한 것으로 본다.

투자자

주식회사 A

주소:

참조:

전화번호:

이메일:

기존주주

B(기존주주들을 대표하여)

주소:

참조:

전화번호:

이메일:

대상회사

<u>주식회사 E</u>

주소:

참조:

전화번호:

이메일:

13.3. <u>양도</u>. 각 당사자는 다른 당사자의 사전 서면 동의 없이 본 계약상 당사자 지위 또는 그에 따른 권리 및 의무를 제3자에게 양도하지 못한다. 단, (i) 어느 당사자가 제3조에 따라 대상회사 발행주식 보유분의 전량을 제3자에게 이전하는 경우에는 당해 양수인에게 본 계약상 권리 및 의무가 전속적으로 이전되고, (ii) 투자자가 계열회사에 보유주식을 이전하는 경우에는 기존주주 및 대상회사에 대한 사전 통지만으로 투자자의 본 계약상 권리가 해당 양수인인 계열회사에 이전된다.

13.4. <u>가분성</u>. 본 계약의 어느 조항이 전부 또는 일부의 범위에서 무효이거나 집행 불가능하더라도 이로 인하여 본 계약 또는 당해 조항을 제외한 나머지 부분에 영향을 미치지 아니한다. 본 계약은 법령이 허용하는 한 최대한 유효하게 해석되고 적용된다.

13.5. <u>완전계약</u>. 본 계약은 본 계약 및 본 계약에 따라 체결된 계약, 서류와 증서들은 본건 거래에 관한 당사자들 사이의 최종적, 완전한 그리고 배타적인 합의를 구성하며, 그에 대한 종전의 모든 구두 또는 서면의 합의, 양해 및 진술을 대체한다.

13.5. <u>포기</u>. 본 계약에 따라 일방 당사자에게 요구되는 의무 이행은 상대방 당사자가 서명 또는 날인한 서면 포기서에 의해서만 포기가 가능하고, 그러한 포기는 그에 기재된 특정 의무에 대해서만 해당된다. 어느 일방 당사자가 상대방 당사자에 의한 본 계약의 규정 위반

을 포기하더라도, 이는 본 계약의 동일한 규정의 추후 위반 또는 다른 규정의 위반에 대한 포기로 간주되지 아니한다.

13.6. 제3자 이익. 본 계약은 당사자들을 구속하며 이들을 위하여 효력을 가진다. 본 계약에 포함된 어떠한 명시적 또는 묵시적인 사항도 당사자들을 제외한 제3자에게 어떠한 권리 또는 구제수단을 부여하거나 어떤 의무를 발생시키지 아니한다.

13.7. 계약의 변경. 본 계약은 당사자들이 모두 서명한 문서에 의하지 아니하고는 수정, 개정 또는 변경될 수 없으며, 관습, 거래관행 또는 거래과정에 의하여 변경될 수 없다. 본 계약의 개정 또는 변경은 당사자들이 서면으로 체결한 경우에만 당사자들을 구속한다.

13.8. 준거법. 본 계약은 대한민국 법률에 따라 해석되고 적용된다.

13.9. 분쟁해결. 본 계약 또는 본 계약의 위반과 관련하여 당사자들간에 분쟁, 다툼 또는 이견이 발생하는 경우 당사자들은 협상에 의하여 우호적으로 해결하기 위하여 노력한다. 본 계약에서 달리 정하고 있는 경우를 제외하고, 당사자들이 분쟁, 다툼 또는 이견을 우호적으로 해결하지 못하는 경우, 그러한 분쟁, 다툼 또는 이견 등은 서울중앙지방법원을 제1심 전속관할로 하는 재판에 의하여 해결한다.

13.10. 체결 및 효력발생. 본 계약은 수개의 복본으로 체결되며, 각 복본은 원본으로 간주된다. 본 계약은 각 당사자가 본 계약서에 각각 서명 또는 기명날인함으로써 체결되며, 본 계약 제10조가 규정하는 바에 따라 효력이 발생한다. 다만, 당사자들의 별도 합의에 따라 서로 상대방 당사자의 서명이 완료되거나 법인인감이 날인된 기명날인 페이지를 수령한 때에 유효하게 체결된 것으로 할 수 있으며, 서명이 완료되거나 법인인감이 날인된 기명날인 페이지의 사본을 팩스 또는 이메일로 수령한 경우에도 서명 페이지 또는 기명날인 페이지를

수령한 것으로 본다.

이상의 내용을 증명하기 위하여 당사자들은 본 계약 첫머리에 기재한 일자에 본 계약서 5부를 작성하여 각각 서명 또는 기명날인한 후 각 1부씩 보관한다.

투자자:

주식회사 A

대표이사 A' (인)

기존주주:

B (인)

C (인)

D (인)

대상회사:

주식회사 E

대표이사 E' (인)

5 합병계약서

흡수합병계약서

[ ]에 본점을 둔 주식회사 A 대표이사 A′(이하 "갑"이라 한다)와
[ ]에 본점을 둔 주식회사 B 대표이사 B′(이하 "을"이라 한다)는
20 . . . 다음과 같이 흡수합병 계약(이하 "본 계약")을 체결한다.

제1조 (합병의 방법)

갑은 을을 흡수합병하기로 하며, 갑은 존속하고 을은 해산한다.

제2조 (발행할 주식의 총수)

갑은 본건 합병으로 기명식 보통주식 [ ]주를 추가로 발행하기로 하며, 총 발행주식을 [ ]주로 증가하기로 한다.

제3조 (증가할 자본금과 준비금 총액)

갑이 본건 합병으로 인하여 증가할 자본금은 [ ]원으로 하고, 준비금은 제6조에서 정한 합병기일 현재 을의 대차대조표상 금액으로 한다.

제4조 (합병시 발행할 신주 및 교부비율)

① 갑은 합병시 기명식 보통주식(1주의 금액 [ ]원) [ ]주를 발행하여 합병기일 현재 을의 주주명부에 기재되어 있는 주주에 대하여 그가 소유하는 을의 주식 1주에 대하여 갑의 주식 [ ]주의 비율로 배정 교부한다.

② 전항에 따라 을의 주주에게 교부할 갑의 합병신주에 대하여 1주 미만의 단주가 발생하는 경우에는 갑과 을이 협의하여 업무를 위탁한 회계법인

이 정하는 바에 따라 합병신주의 가치를 산정하여 해당 단주의 가액을 현금으로 지급한다.

제5조 (합병승인 총회기일)

갑, 을은 이 계약의 승인 및 합병에 필요한 사항을 의결하기 위하여 20 . . . 에 각각 주주총회를 개최한다. 다만, 합병절차의 진행상 필요한 경우에는 양 당사자의 합의하에 본 기일을 변경할 수 있다.

제6조 (합병기일)

갑, 을의 합병기일은 20 . . . 로 한다. 다만, 합병절차의 진행상 필요한 경우에는 양 당사자의 합의하에 본 기일을 변경할 수 있다.

제7조 (재산의 인수)

을은 20 . . . 현재(이하 "기준일")의 대차대조표 기타 동일자 기준의 회계자료를 기초로 하여 합병기일에 그 자산, 부채 및 권리의무 일체를 갑에게 인계하고 갑은 이를 인수한다. 이 경우 을은 기준일부터 합병기일에 이르기까지의 자산, 부채의 변동에 관하여 따로 회계자료를 작성하여 그 내용을 명확히 하여야 한다.

제8조 (선관주의의무)

갑, 을은 본 계약 체결 후 합병기일에 이르기까지 선량한 관리자의 주의로서 각자의 업무집행 및 재산의 관리 운영을 하며, 그 재산 또는 권리의무에 중대한 영향을 미치는 행위를 하는 경우에는 양 당사자가 합의하여 진행하여야 한다.

제9조 (임직원의 인수)

갑은 을의 임직원을 합병기일에 갑의 임직원으로 인수하고 기타 이와 관련된 세부적인 사항에 대하여는 양 당사자가 협의하여 정한다.

제10조 (신주배당이익 기산일)

제4조에 의하여 발행하는 주식에 대한 이익배당의 기산은 20 . . . 부터 기산한다.

제11조 (계약의 변경)

본 계약체결일로부터 합병기일에 이르는 사이에 천재지변 기타 갑 또는 을의 재산, 경영상태에 중대한 변경 등이 발생한 경우에는 양 당사자가 협의하여 합병조건을 변경하거나 또는 이 계약을 해제할 수 있다.

제12조 (계약 및 합병의 효력발생)

본 계약은 본 계약 체결일로부터 유효하며, 본 계약에 따른 합병은 본 계약 제5조에서 정하는 각 회사의 주주총회 승인을 얻은 때에 그 효력을 발생한다.

제13조 (합병과 관련된 법적절차의 이행)

본 계약에 따른 합병과 관련하여, 갑과 을은 채권자보호절차, 서류의 사후공시 등 법에서 정한 절차를 법정 기한 내에 각자의 책임 하에 충실히 이행하여야 한다.

제14조 (경업의 금지)

을 및 을의 대표이사, 대주주는 본 계약 체결 이후 10년간 갑의 사전 동의 없이 직접 또는 간접적으로 을 회사의 영업과 동종 또는 유사한 영업행위를 하여서는 아니 된다.

제15조 (비밀의 유지)

갑과 을은 본 계약의 내용 및 본 계약의 협상, 이행, 실사 과정에서 알게 된 상대방의 기밀사항을 제3자에게 누설하여서는 아니된다. 다만, 위 내용이 양 당사자의 귀책사유에 의하지 아니하고 이미 대중에 알려진 경우, 법원의 명령 기타 정부기관의 강제조치에 의하여 공개가 이루어지는 경우에는 예외로 한다.

제16조 (대외공표사항의 협의)

갑 또는 을이 본 계약의 내용 또는 회사의 향후 경영계획 등에 관한 사항을 특정 제3자 또는 불특정 다수인에 공표하는 경우에는 양 당사자가 사전에 협의하여 진행하여야 한다.

제17조 (조세 및 기타비용)

본 계약과 관련하여 각 당사자에게 발생한 모든 조세, 공과금 및 기타비용(실사비용 포함)은 당사자간에 별도 합의가 없는 한 각 당사자의 부담으로 한다.

제18조 (당사자 지위의 양도금지)

본 계약상 양 당사자의 지위는 상대방 당사자의 사전 동의 없이는 양도할 수 없다.

제19조 (분쟁의 해결 및 합의관할)

본 계약과 관련하여 당사자 사이에 이견 또는 분쟁이 발생한 경우 갑과 을이 상호 협의하여 우호적으로 해결하도록 최선의 노력을 다하여야 한다. 그럼에도 불구하고 해결되지 않는 분쟁이 발생한 경우에는 서울중앙지방법원을 제1심에 대한 전속적 합의관할법원으로 하여 그 판단에 따라 해결한다.

본 계약의 성립을 증명하기 위하여 본 계약서 2부를 작성하고, 갑, 을의 대표이사가 기명날인하여 각 1부씩 보관한다.

20 . . .

갑(존속법인) [ ] 주식회사

주 소

대표이사 (인)

을(피흡수법인) 주식회사 [ ]

주 소

대표이사 (인)

6 법무실사자료 요청 목록

분류	자료명	제공 여부	비고
1. 법인 일반 자료	1.1 법인등기부등본		
	1.2 정관		
	1.3 이사회 규정, 이사회 구성원 및 임원의 이름, 약력		
	1.4 주주명부		
	1.5 지난 3년간 주주총회 의사록		
	1.6 지난 3년간 이사회 의사록		
	1.7 회사 연혁 및 소개서		
	1.8 회사업무의 개요(주된 업무의 내용: 매입, 매출의 내용, 방법)		
	1.9 회사 설립 이후부터 자회사, 모회사 등 관련회사의 구조변경 내역 및 그 관련 정도(지분, 거래관계, 지급보증 등)		
	1.10 회사 설립 이후부터 지금까지 자본금 변동 내역		
	1.11 보도자료 편철		
2. 인허가 관련 자료	2.1 회사의 운영 및 영업과 관련된 허가, 인가, 면허 관련 자료		
	2.2 회사 운영과 관련하여 회사가 준수하여야 하는, 정부, 지방자치단체, 사업자단체 등이 정한 업무지침, 공급규정, 요율 등		
	2.3 위 허가 등 또는 규정 등과 관련된 위반 사실, 이로 인해 받은 행정처분 등		
	2.4 회사, 그 임원, 또는 그 제품 또는 서비스에 대하여 내부감사인, 회사의 임원 또는 정부기관에 의하여 과거 행하여졌거나 현재 진행 중이거나 그럴 가능성이 있는 감사, 수사 및 조사의 목록 및 그 관련 일체의 서류		

분류		자료명	제공 여부	비고
3. 자산	3.1 부동산	3.1.1 회사의 운영 및 영업을 위하여 필요한 모든 대상 토지 및 건물의 목록		
		3.1.2 회사의 운영 및 영업을 위하여 필요한 모든 부동산의 등기부등본, 토지대장 및 건물대장		
		3.1.3 회사의 운영 및 영업을 위하여 필요한 모든 임대 및 임차와 관련하여 (i) 임대인 또는 임차인, (ii) 임대 기간, (iii) 임대료 및 임차보증금, (iv) 기타 임대차 내역 및 관련 계약 일체		
		3.1.4 회사의 운영 및 영업을 위하여 필요한 모든 부동산에 대한 각종 담보권 기타 부담(가압류, 압류, 가처분, 저당권, 공장저당, 질권, 양도담보, 유치권, 전세권, 지상권, 지역권, 등기된 임차권 등)에 대한 내역(청구인 또는 담보권자, 청구액 또는 피담보채권액, 청구원인 등) 및 관련 계약		
		3.1.5 회사의 운영 및 영업을 위하여 필요한 모든 부동산에 대한 소유권, 기타 권리 또는 권리침해를 주장하는 제3자에 대한 정보 및 부동산 관련 분쟁 내역		
		3.1.6 회사의 운영 및 영업을 위하여 필요한 모든 부동산이 신탁되어 있는 경우 신탁회사 관련 다음 사항 (i) 법인등기부등본 (ii) 정관 및 신탁재산의 처분에 관한 내부 규정(전결 등) (iii) 신탁계약서 및 수익권증서 등 기타 신탁계약 관련 일체의 서류들		
		3.1.7 회사의 운영 및 영업을 위하여 필요한 부동산 중 회사가 명의상 소유자가 아닌 것으로 되어 있는 모든 부동산의 목록 및 동 부동산에 대한 등기부등본, 토지대장 및 회사가 동 부동산을 사용하기 위하여 체결된 모든 계약서 등 일체		
	3.2 유형자산	3.2.1 회사의 운영 및 영업에 필요한 모든 시설, 기계 및 장비 등 유형자산의 목록		
		3.2.2 회사의 운영 및 영업에 필요한 기계, 장구류 등의 등록원부 및 등록증 사본		
		3.2.3 회사의 운영 및 영업에 필요한 모든 유형자산의 임대 및 임차(리스 포함)와 관련하여 (i) 임대인 또는 임차인, (ii) 임대 기간, (iii) 임대료, (iv) 기타 임대차 내역 및 관련 계약 일체		

분류		자료명	제공 여부	비고
3. 자산	3.2 유형 자산	3.2.4 회사의 운영 및 영업에 필요한 모든 유형자산에 대한 각종 담보권 기타 부담(가압류, 압류, 가처분, 질권, 양도담보, 유치권 등)에 대한 내역(청구인 또는 담보권자, 청구액 또는 피담보채권액, 청구 원인 등) 및 관련 계약 일체		
	3.3 지적 재산	3.3.1 회사의 운영 및 영업과 관련하여 소유 또는 사용하거나 회사 및 그 사업에 영향을 주는 특허, 실용신안, 상표, 서비스표, 표장, 디자인, 상호, 저작권 등 지적재산권에 관한 모든 계약 및 이에 관한 등록 · 출원서 목록과 관련 서류 일체		
		3.3.2 회사의 운영 및 영업과 관련하여 재산적 가치가 있는 영업비밀의 목록		
		3.3.3 회사의 운영 및 영업과 관련하여 회사에 의한 또는 회사에 대한 지적재산권의 소유, 사용, 침해 등에 대한 모든 과거, 진행 중, 또는 예상되는 클레임에 대한 목록과 내역		
		3.3.4 기타 회사의 운영 및 영업과 관련하여 라이선스, 기술도입, 기술지원, 노하우 등에 관하여 체결한 계약(아래 항목에 따라 정리해 주시기 바랍니다) (i) 상대방 당사자의 명칭, (ii) 라이선스권에 대한 세부사항(사용내용, 영역 등), (iii) 지급대가, (iv) 양도가능성, (v) 특수조건, (vi) 기간과 해지		
		3.3.5 회사의 운영 및 영업과 관련한 영업비밀 침해와 관련하여 제3자로부터 회사가 중지 및 항의 편지를 받았는지 여부에 대한 정보, 다른 회사로부터 스카우트한 경력직 직원에 의한 영업 비밀 침해 또는 비밀유지계약 위반 가능성에 대한 정보		
		3.3.6 회사의 운영 및 영업을 위하여 필요한 모든 컴퓨터 프로그램의 사용 등에 관한 라이선스계약서, 로열티계약서, 양도계약서 및 기타 회사가 체결한 일체의 지적재산권 관련 계약서		

<table>
<tr><th colspan="2">분류</th><th>자료명</th><th>제공 여부</th><th>비고</th></tr>
<tr><td rowspan="9">3. 자산</td><td rowspan="5">3.3 지적 재산</td><td>3.3.7 회사와 관련하여 임직원이나 기타의 제3자가 개발한 지적재산에 대한 소유권 또는 라이선스를 어떻게 처리할 것인지에 관한 계약이 있는 경우 그 계약서(고용계약서에 해당 조항이 있다면 고용계약서 포함) 및 이와 관련한 관련 사규와 회사정책</td><td></td><td></td></tr>
<tr><td>3.3.8 회사의 회원 관련 정보를 관리 및 보호하기 위한 전산 및 관리시스템의 내역 및 설명서와 동 시스템 구축을 위하여 체결한 계약 일체</td><td></td><td></td></tr>
<tr><td>3.3.9 회사의 회원 관련 정보 보호를 위한 담당자 및 이에 대한 신고 여부와 (신고를 한 경우) 신고서류 일체</td><td></td><td></td></tr>
<tr><td>3.3.10 회사와 관련한 로열티 지급 또는 수령/미수 현황</td><td></td><td></td></tr>
<tr><td>3.3.11 회사의 회원 관련 정보와 관련하여 제3자와 맺고 있는 계약 내역 등</td><td></td><td></td></tr>
<tr><td rowspan="4">3.4 기타 자산</td><td>3.4.1 예금목록</td><td></td><td></td></tr>
<tr><td>3.4.2 채권목록(대여금, 미수금, 임대차 보증금, 손해배상 청구권, 보험금 지급 청구권) 및 각 채권에 관한 계약서 및 내역, 회수가능성</td><td></td><td></td></tr>
<tr><td>3.4.3 주식, 채권 등 투자자산의 내역</td><td></td><td></td></tr>
<tr><td>3.4.4 위 자산들에 설정된 질권, 저당권, 양도담보 등 담보설정에 관련된 자료</td><td></td><td></td></tr>
<tr><td colspan="2" rowspan="3">4. 회사의 자본</td><td>4.1 주주 이외의 자에게 신주인수권을 부여하였는지 여부 및 그 수량, 인수조건</td><td></td><td></td></tr>
<tr><td>4.2 주식으로 전환할 수 있는 증권(전환사채, 신주인수권부 사채, 교환사채등)의 발행 여부 및 그 수량, 전환의 조건</td><td></td><td></td></tr>
<tr><td>4.3 주식매입선택권(Stock Option)을 부여한 여부, 그 상대방, 수량 등 주요조건, 계획, 계약서</td><td></td><td></td></tr>
</table>

분류	자료명	제공 여부	비고
5. 회사의 부채	5.1 사채발행 여부, 그 수량, 사채원부		
	5.2 금융기관으로부터 차입한 부채 현황 및 그 계약서: 각 금융기관별 금액, 조건		
	5.3 개인으로부터 차입한 부채 현황 및 그 계약서: 각 개인별 금액, 조건, 회사와 채권자와의 관계(관련회사, 주주, 임원, 기타 이해관계의 유무)		
	5.4 미지급 구입대금, 원료대금, 공사대금 등 대금지급채무		
	5.5 회사 관련 미수금 채권 현황(회생절차, 파산절차에 들어간 회사에 대한 미수금 채권 현황 및 기타 관련 서류 포함)		
	5.6 기타 회사가 지급해야 할 것으로 확정된 채무 또는 비용 및 그 사유(손해배상, 손실보상, 벌금, 과태료 등)		
	5.7 위 각 채무에 대해 회사가 제공한 담보 현황 및 그 설정계약서(질권, 저당권, 양도담보, 백지어음 또는 백지수표의 제공)		
	5.8 회사가 제3자에게 제공한 담보 및 보증 현황, 그 설정계약서, 회사와 그 3자와의 관계(관련회사, 주주, 임원, 기타 이해관계의 유무)		
	5.9 최근 3개년의 감사보고서, 영업보고서, 감정평가서, 내부감사 자료		
	5.10 회사 관련 환헤지거래, 파생금융상품, 금융리스 등의 거래 현황 및 관련 계약서		
	5.11 확정적으로 발생되지 않았으나 장래에 발생가능한 우발부채 현황 및 그 근거자료		

<table>
<tr><th colspan="2">분류</th><th>자료명</th><th>제공 여부</th><th>비고</th></tr>
<tr><td colspan="2">6. 회사의 조직</td><td>6.1 회사의 조직표, 각 부서의 책임자, 각 부서별 인원, 전체 인원(정규직, 계약직, 파견근로자, 일용직 등을 포함하되 구별하여)</td><td></td><td></td></tr>
<tr><td rowspan="14">7. 인사 및 노무</td><td rowspan="2">7.1 인사 일반</td><td>7.1.1 인사 관련 규정(고용, 승진, 징계 등)</td><td></td><td></td></tr>
<tr><td>7.1.2 임직원과 회사간에 체결한 고용계약서, 위임계약서, 경업금지약정서, 비밀유지약정서, 고문계약서 기타 이와 유사한 모든 계약서(동일하다면 그 Sample)</td><td></td><td></td></tr>
<tr><td rowspan="5">7.2 임금 등 근로조건</td><td>7.2.1 취업규칙 및 노동관서에 대한 신고 · 변경신고 서류, 취업규칙 등 사규와 실제로 달리 운영되고 있는 근로조건(근로시간, 휴가, 휴일 등) 내용</td><td></td><td></td></tr>
<tr><td>7.2.2 단체협약, 단체협약 이외의 회사와 노동조합 사이의 계약, 회사설립 이후 단체교섭 의사록, 임금협약(급여, 수당, 성과급 제도의 개요 포함)</td><td></td><td></td></tr>
<tr><td>7.2.3 예상 퇴직금 금액, 퇴직급여적립금, 퇴직금 관련 보험</td><td></td><td></td></tr>
<tr><td>7.2.4 각종 복지제도(주택자금 융자, 학비지원, 교육지원, 차량유지비, 기숙사 등)</td><td></td><td></td></tr>
<tr><td>7.2.5 임금 체불 여부 및 그 내역</td><td></td><td></td></tr>
<tr><td>7.3 보장보험</td><td>7.3.1 사회보장 관련 자료(국민연금, 고용보험, 의료보험, 산업재해보상보험, 근로자복지기금 등)</td><td></td><td></td></tr>
<tr><td rowspan="2">7.4 산업 재해</td><td>7.4.1 최근 3년간 발생한 산업재해와 그 보상 등에 관한 자료</td><td></td><td></td></tr>
<tr><td>7.4.2 최근 3년간 산업재해와 관련하여 정부기관으로부터 받은 조치의 유무 및 그 결과</td><td></td><td></td></tr>
<tr><td rowspan="2">7.5 노동조합</td><td>7.5.1 노동조합 설립 신고증</td><td></td><td></td></tr>
<tr><td>7.5.2 노동조합의 구성 및 현황(임원, 가입률 등)</td><td></td><td></td></tr>
<tr><td>7.6 노사 협의회</td><td>7.6.1 노사협의회 구성여부 및 그 규정</td><td></td><td></td></tr>
</table>

분류	자료명	제공 여부	비고
8. 제3자와의 거래 또는 계약	8.1 회사의 운영 및 영업과 관련한 계약서(약관 등 포함, 공급 인증서 매매계약, 전력수급계약 기타 각종 매출계약) 일체 및 (i) 계약상대방, (ii) 계약기간, (iii) 주요 내용이 정리된 내역		
	8.2 회사 관련 공사도급계약서 및 용역계약서(기술개발, 컨설팅, 청소, 경비, 인력파견계약 등 명칭 여부 불문)		
	8.3 회사 발행 주식, 채권 기타 일체의 권리에 대한 양수도계약 및 그 특약		
	8.4 관할 관청에 제출한 서류 및 신문 공고, 홍보물 등 자료 일체		
	8.5 회사의 운영 및 영업을 위하여 필요한 모든 사업협력계약, 라이선스계약, 기술도입계약, 기술지원계약, 프랜차이즈 계약, 합작계약, 동업계약, 컨소시엄 계약 또는 경영위임 계약, 판매점 또는 대리점 계약		
	8.6 회사의 사업내용을 제한할 수 있는 계약 조항(경업금지 조항, 비밀유지조항 등)이 있는 모든 계약 일체		
	8.7 회사의 통상적인 운영 및 영업활동과 관련하여 체결된 계약 이외의 계약 중 미화 1만불 또는 한화 1천만원 이상의 지불이 소요되는 계약으로서 30일 이내에 위약금 없이 해약이 불가능한 계약 또는 잔존 계약기간이 1년 이상 남은 계약		
	8.8 회사와 관련하여 회사의 대표이사, 이사 기타 사업부서 책임자가 제3자(주주, 계열사 포함)에게 써준 각서, 확약서, 증명서 기타 서류 일체(단, 통상적인 영업과정에서 수반되는 확인서 등은 제외)		
	8.9 각종 임대차 계약 또는 Lease 계약(사무실, 건물, 토지, 기계, 장비, 차량 등, 회사가 빌린 것 및 회사가 빌려 준 것)		
	8.10 주요 자산, 영업양도 계약 등 기타 중요 계약서(특히 회사의 대주주의 변동이 있는 경우 계약이 해지되는 등 회사에 불리하게 되는 규정이 있는 계약)		
	8.11 위 각 계약의 위반 및 이에 관련된 소송 등 분쟁의 존재 여부 및 그 내용, 결과		

분류	자료명	제공 여부	비고
9. 소송 기타 분쟁	9.1 회사, 회사의 임원에 관련되었거나 영향을 미치는 모든 분쟁으로서 이미 진행되었거나 계류 중이거나 향후 발생할 가능성이 있는 모든 소송의 존재 여부, 그 내용, 예상되는 결과		
	9.2 소송이 제기되지는 않았지만 통지를 받았거나 협상이 진행 중인 각종 분쟁(물품대금 청구, 토지, 건물에 대한 권리 주장, 토지 경계에 대한 다툼, 손해배상의 청구 등)		
	9.3 회사의 재산에 대해 강제집행(가처분, 가압류, 공매처분 등)이 진행 중인지 여부 및 그 원인, 경과		
	9.4 회사 및 회사의 운영 및 영업과 관련하여 회사를 상대로 제기되거나 부과된 벌금, 과태료 기타 제재에 관한 상세 내역 및 예고 통보 등		
10. 조세	10.1 최근 일자 국세 및 지방세 완납증명서		
	10.2 최근 3년간 조세를 체납한 사실이 있는지의 여부 및 그 처리 결과		
	10.3 현재 진행 중이거나 예상되는 조세분쟁		
11. 환경	11.1 회사와 관련한 환경, 안전, 보건 관련 감독기관, 담당자 및 그 연락처		
	11.2 회사와 관련하여 최근 3개년 동안의 환경, 안전, 보건에 관한 법령 위반, 환경 관련 사고, 분쟁, 행정제재, 부과금, 민원 사례 및 조치 내역, 환경, 안전, 보건 관련 해당 부처의 공문 기타 서한을 수령한 적이 있는 경우 그 공문 또는 서한		
	11.3 회사와 관련한 환경, 안전, 보건 관련 인허가, 신고 현황		
	11.4 회사와 관련한 사업장별 배출허용기준 기타 환경 규제 내용		
	11.5 회사와 관련한 모든 부동산 내 보유하고 있는 화학약품 및 독극물, 폭발물, 방사선 동위원소 등의 목록 및 이와 관련하여 허가 신고 받지 않은 항목이 있는 경우 특정 요		
	11.6 회사와 관련한 모든 부지 지하의 폐기물 등이 매립되어 있는지 확인 받은 사실이 있는지 여부 및 있다면 그 실사 보고서		

분류	자료명	제공 여부	비고
11. 환경	11.7 회사와 관련한 작업 안전 관리 평가서 등 근로환경, 안전, 보건 관련 평가서		
	11.8 회사와 관련한 환경영향평가서(적용대상인 경우)		
	11.9 회사와 관련한 환경 관련 정부기관 또는 다른 사람과의 계약 또는 협약		
12. 보험	12.1 회사와 관련하여 법률상 가입이 강제되는 보험의 목록 및 회사의 가입현황(보험사고, 배상범위, 보험료, 기타 주요조건 등 포함), 보험증권, 보험약관, 영수증 등 보험 관련 서류		
	12.2 회사와 관련한 각 보험별 기존에 발생한 보험사고의 내용 및 결과, 진행 상황, 보험금 청구 관련 정보 및 문서		
	12.3 회사와 관련한 보험을 담보로 설정된 담보제공 내역 일체		
13. 독점규제 및 공정거래	13.1 동종 사업자와의 사이에 가격, 거래 조건 등에 관한 합의를 한 사실이 있는지의 여부와 그 내용		
	13.2 거래 상대방에 따라 계약조건을 달리한 사실이 있는지의 여부 및 그 내용, 이유(계열사 등에 유리한 조건을 제시한 경우 등 포함)		
	13.3 담합, 불공정 거래조건의 강요 등으로 행정기관으로부터 어떠한 조치를 당한 사실이 있는지의 여부 및 그 내용		
14. 주주 및 주식	14.1 회사 주식의 소유 현황(주주명부와 다른 실질내역이 있다면 그 내역)		
	14.2 현재의 주주들이 주식을 취득하게 된 경위 및 기타 관련 자료		
	14.3 회사 주식에 대한 담보 설정 여부 및 그 내용, 기타 관련 자료		
	14.4 주주간에 양도 제한, 의결권 행사 등에 관한 합의가 있는지의 여부 및 그 내용, 기타 관련 자료		
15. 해외투자 및 거래 관련	15.1 해외 투자 또는 투자 유치에 관한 기본 계획과 현황(투자현황 포함)		
	15.2 외국기업과의 거래, 제휴 등에 관한 계약서 또는 거래내역		
16. 기타	16.1 기타 위 항목에 기재된 자료 이외에 실사에 필요하다고 판단되는 자료		

프로필

김의권

- 연세대학교 법학과 졸업
- 44회 사법시험 합격, 사법연수원 34기 수료
- (현) 법무법인 승앤파트너스 파트너 변호사
- (전) 법무법인 대호 파트너 변호사
- (전) 동아제약/동아쏘시오홀딩스 법무팀장
- (전) 법무법인 서정 기업자문/M&A팀 변호사
- 대한상사중재원 중재인
- 다수의 기업간 분쟁, M&A, 헬스케어 및 기타산업 관련 소송 및 자문업무 수행
- 금융기술법연구회, 블록체인법학회, 장애인법연구회 회원
- 대한변호사협회 사내변호사특별위원회 위원
- "케임브리지핸드북 공유경제와 법률" (박영사 2021.1.) 번역작업 수행 (블록체인법학회 번역팀)

이영욱

- 고려대학교 법학과 졸업(학사, 석사, 박사)/큐슈대학교 LL.M.
- 44회 사법시험 합격, 사법연수원 34기 수료
- 현재 법무법인 감우 파트너 변호사
- 대한상사중재원 중재인
- 지적재산권법, 엔터테인먼트법 전문변호사
- 「저작권별별이야기」, 「꿈을 그려가요」 등 만화 출간